もう一人のドラッカー

「新しい社会」への物語

The Unfashionable Drucker
A Story for New Society

春日賢 *Satoshi Kasuga*

もう一人のドラッカー

――「新しい社会」への物語

装丁　柴田淳デザイン室

目次

まえがき

ピーター・F・ドラッカーには、様々な顔があります。「経営学者」、「マネジメントの発明者」、「マネジメントのグル（導師）中のグル」、「フューチャリスト（未来学者）」、「知の巨人」、「学際的な知の統合者」、そしてドラッカー自身が称した「文筆家」、「傍観者」、「社会生態学者」など、数えあげたらきりがありません。また大変な多作家で、著書の数は優に30冊を超えています。

本書は、こうした多様でおびただしいドラッカーの著書を読みすすめていく際のナビゲーションとなることを企図しています。ドラッカーを理解するには、何といっても彼自身の著書を読むことが一番です。しかし、これだけの数すべてを読むのは、なかなかできることではありません。本書は彼の主要著書それぞれを読み解くとともに、それらがみなひとつの体系的な流れにあるとして読み通しています。

すなわちドラッカーの著書すべてが「新しい社会」実現というテーマのもとで進展し、そのプロセスでマネジメントが生まれ育まれていったという展望のもと、考察の軌跡を段階的に整理しつつ全体としてまとめています。焦点はドラッカーの全体像にあり、彼の著書すべてが「新しい社会」への物語としてすすんでいったとみているのです。各著書のポイントとつながり、とりわけ「新しい社会」実現に向けた展開を明確化しているのが本書の特徴です。こうした作業によって、ドラッカーの全貌と本質がハッキリみえてくると思います。

本書で力を注いでいるのは、あくまでもドラッカーの基本的な考え方や思想、ひいては彼本来の姿をつかむことです。そのため原則として原書初版にもとづき、できるだけ「正確にドラッカーを読む」ことを心がけました。すなわち「経営学者」、「マネジメントの発明者」といった色眼鏡をいったん外し、できるだけドラッカーをありのままにとらえるよう努めました。したがって本書は、「ドラッカーをいかに使うか」という活用本ではありません。しかしそれゆえにこそ、ドラッカーが生涯をかけてもとめたもの、彼本来の姿、そしてそれらを象徴するマネジメントなるものの本質を明らかにできていると考えています。

本書で描き出すドラッカーは、読者のみなさんが望むドラッカー、読みたいドラッカーではないかもしれません。しかしまず、そもそもドラッカーは何をめざし、どのように考え模索したのか、つまり彼の本質を知ることが必要と筆者は考えます。これこそが、本書のタイトルを「もう一人のドラッカー」とした理由です。

もとよりドラッカーには色々な読み方があっていいと思います。みなさんにも、それぞれの読み方や解釈、ドラッカーへの興味や想い入れがあるでしょう。そうした自分なりのドラッカー理解をさらにすすめていくうえで、まず「ドラッカーを正確に読む」ことが大事だと筆者は考えています。その想いから、本書を刊行しました。

ただし、あくまでも筆者個人の読み込みによる解釈ですので、単なる思い込みになってしまっているかもしれません。ご高批を賜れば幸いです。また、邦訳書と異なる訳語も少なくなく、みなさんにとっては読みにくいかもしれません。良くも悪くも「ドラッカーを正確に読む」ことの大切さに気づいてもらうことが、本書のもうひとつのねらいでもあります。

そして何よりも、本書を手にとったみなさんが実際にドラッカーの全著書を読み通したり、より深く読み込む際のたたき台として、本書を活用してもらえたらこれに勝る喜びはありません。本書が少しでも読者のみなさんのドラッカー理解に役立てることを心から願っています。

※本書は拙著『ドラッカー研究――思索の展開と焦点』（文眞堂、２０２２年）の主に第Ｉ部をスピン・オフ（分離独立）し、一般読者向けにアレンジしたものです。補足的な考察と解説をくわえるなど、できるだけわかりやすく理解がすすむように配慮しました。わずらわしい注も極力避け、最小限にとどめています。くわしい出典や、より深掘りした発展的な考察については、ぜひ同書を参照してください。

本書を読むにあたって

あらかじめ以下の点をお断りしておきます。

1 ドラッカーの理解を妨げる要因のひとつに、著書群のおびただしさがあります。あまりの多さに、各著の出版年が不明確になったり、著書間での時系列的な前後関係が混乱したりして、迷子になってしまう読者は少なくないでしょう。この点を勘案して、便宜的に書名の後に、括弧書きで原著の出版年を表記しました。たとえば、『断絶の時代』（１９６９）の場合には１９６９年の出版をあらわしています。

2 ほかにドラッカーの理解を妨げる要因として、書名が原書と邦訳書で異なることがあります。ドラッカーの意図を正確に反映しているのはもちろん原書名ですが、邦訳書名との対応関係を明確に認識できていない読者にとっては、読みすすめるうえでこれも大きな障害となります。原書名だけを表記されるとその邦訳書名が何かを確認することに労力がさかれ、内容の理解に集中できなくなってしまうこともしばしばあるでしょう。そこで本書では基本的に原書名を表記しつつ、括弧書きで邦訳書名を補足する形をとりました。たとえば、『マネジメントの実践』（＝『現代の経営』）です。

3　対象とするドラッカーの著書は初版を基本としていますが、資料上の制約から初版以外のものもふくまれています。

4　本書では、邦訳書にしたがっていません。一般的な邦訳書に慣れ親しんでいる場合、少なからず違和感をおぼえるかもしれませんが、できるだけ原典の正確性を期してのことです。

5　文中、「前期ドラッカー」、「転換期ドラッカー」、「後期ドラッカー」、あるいは「初期ドラッカー」と表記することがあります。「前期ドラッカー」と「後期ドラッカー」の区分は『断絶の時代』（1969）での社会構想の転換に前後するものであり、おおむね広く一般に認知されています。すなわち「前期ドラッカー」といった場合、およそ『経済人の終わり』（1939）から『有能なエグゼクティブ』（＝『経営者の条件』）（1966）までの「新しい産業社会」論の時期をあらわしています（『シュタール』（1933）がふくまれることもあります）。このうち『マネジメントの実践』（＝『現代の経営』）（1954）前、とくに『新しい社会』（＝『新しい社会と新しい経営』）（1950）までを指して「初期ドラッカー」と表記することもあります。「後期ドラッカー」といった場合、『断絶の時代』からの終生までつづいた「多元的知識社会」論の時期をあらわしています。

「転換期ドラッカー」とは、本書で新たに設けた区分です。「前期ドラッカー」における「マネジメント」誕生とそれにつづくドラッカーの自身の世界観・方法論的転換へ疑問がみられた時期、いわば「後期ドラッカー」への兆しがみられた時期です。

したがって「転換期ドラッカー」といった場合、およそ『マネジメントの実践』（＝『現代の経営』）（１９５４）から『有能なエグゼクティブ』（＝『経営者の条件』）（１９６６）までの時期をあらわしています。

6 文中、「多元的知識社会」（論）、「知識社会」（論）、「多元社会」（論）と表記することがあります。これはドラッカーがいう「知識社会」（論）には広義と狭義があり、両者を区別するための便宜的な措置です。

彼における「知識社会」（論）は、狭義にはまさに「知識社会」（論）そのものです。しかし広義には「多元社会」（論）をもふくむ上位概念として述べられています。そこで本書では、こうした広義の「知識社会」（論）を「多元的知識社会」（論）と表記しています。

もとよりドラッカー自身は「多元的知識社会」（論）なる語を使用していません。あくまでも筆者（春日）によるものです。

上記1、2の措置は、あまりドラッカーになじみのない読者のみなさんに配慮したものです。しかしこれによって、本書の表記にはくり返しが多く、煩わしさを感じるかもしれません。あらかじめご容赦ください。

なお上記2に関連し、一般的な邦訳書名と原書名で著しく異なるものについて、念のためここであらかじめ提示しておきます。

一般的な邦訳書名と原書名

一般的な邦訳書名	↓	原書名
『企業とは何か』	↓	『会社の概念』
『新しい社会と新しい経営』	↓	『新しい社会』
『現代の経営』	↓	『マネジメントの実践』
『オートメーションと新しい社会』	↓	『アメリカのこれからの20年』
『変貌する産業社会』	↓	『明日への道標』

『創造する経営者』	→	『成果をめざす経営』
『経営者の条件』	→	『有能なエグゼクティブ』
『傍観者の時代』	→	『傍観者の冒険』
『未来企業』	→	『未来への経営』
『すでに起こった未来』	→	『生態学のビジョン』
『未来への決断』	→	『大変革期の経営』
『明日を支配するもの』	→	『21世紀に向けたマネジメントの挑戦』
『ネクスト・ソサエティ』	→	『ネクスト・ソサエティでの経営』

プロローグ

ドラッカーのアプローチ——本書の視点と構成

「何をしているのかとたずねられたら、私は「書いている」とこたえる。まったくその通りだ。20歳から私にとって書くことは、教えることやコンサルティングすることといった仕事すべての基礎であった。」(*The Ecological Vision: Reflections on the American Condition* (1993) p.441. 上田惇生・佐々木実智男・林正・田代正美訳(1994)『すでに起こった未来』299頁。)

I　ドラッカーのアプローチ——社会生態学とは何か？

20世紀をカバーする生涯

１９０９年11月19日、ピーター・ファーディナンド・ドラッカー（Peter Ferdinand Drucker）はオーストリア＝ハンガリー帝国下のウィーンで生まれました。ユダヤ系ながら、ルター派プロテスタントだった政府高官の長男でした。その後、フランクフルトやロンドンなどを経て、アメリカに移住し国籍を取得します。オーストリア出身のアメリカ人です。

彼の生きた時代（１９０９－２００５）は、20世紀をほぼカバーしています。二度にわたる世界大戦、アメリカの台頭、共産主義国の誕生と崩壊、世界大恐慌、宇宙開発、東西冷戦とその終結、日本の経済成長、ＩＴ革命、中国の台頭などを目の当たりにしたのです。かくみるかぎり彼は、20世紀という時代をみつめつづけた人物ということができます。その生涯をまとめれば、次のようになります。

ドラッカー略年譜

1909年	オーストリア＝ハンガリー帝国の首都ウィーンに生まれる。
1914～1918年 第一次世界大戦（5～9歳）。	
1915～1927年	小学校～ギムナジウム（6～18歳）。
1927～1929年	ハンブルクに転居。貿易商社の見習いになる。ハンブルク大学法学部に入学（18～20歳）。
1929年 世界大恐慌（20歳）	
1929～1933年	フランクフルトに転居し、フランクフルト大学法学部に編入学。その後、同大学で助手となり、国際法で博士号を取得。この間、証券アナリストや地元夕刊紙の記者などの実務に従事（20～24歳）。
1933年	『シュタール』を刊行。ナチスの政権掌握とともに、渡英する（24歳）。
1937～1942年	結婚し、渡米。記者として働く（28歳）。以後、生涯にわたって文筆活動のかたわら、広く政府やＮＰＯ、企業の実務にたずさわる。

１９３９年	『経済人の終わり』を刊行（30歳）。
	１９３９～１９４５年 第二次世界大戦（30～36歳）。 １９４５年の終結頃から、東西冷戦の時代へ
１９４２年	大学教授としての常勤職に就く。『産業人の未来』を刊行（33歳）。
１９４３年	アメリカ国籍を取得。ＧＭの調査開始（34歳）。
１９４６年	『会社の概念』（＝『企業とは何か』）を刊行（37歳）。
１９５０年	『新しい社会』（＝『新しい社会と新しい経営』）を刊行（41歳）。
１９５４年	『マネジメントの実践』（＝『現代の経営』）を刊行（45歳）。
	１９５５～１９７３年 日本で高度経済成長期（46～64歳）
１９５６年	『マネジメントの実践』（＝『現代の経営』）が邦訳出版される。日本で第一次ドラッカー・ブームの到来（47歳）。
１９５７年	『明日への道標』（＝『変貌する産業社会』）を刊行（48歳）。

１９５９年	初来日（50歳）。
１９６４年	『成果をめざす経営』（＝『創造する経営者』）を刊行（55歳）。
	１９６５～１９７５年 ベトナム戦争（56～66歳）
１９６６年	『有能なエグゼクティブ』（＝『経営者の条件』）を刊行。日本政府より、勲三等瑞宝章を受勲（57歳）。
	１９６７年 ヨーロッパ共同体（ＥＣ）誕生（58歳）。
１９６９年	『断絶の時代』を刊行。日本で第二次ドラッカー・ブームの到来（60歳）。
１９７１年	クレアモント大学教授に就任するとともに、カリフォルニアに移住。終の棲家とする。ニクソン・ショック（金とドルの交換停止など）（62歳）。
１９７３年	『マネジメント』を刊行（64歳）。
	オイル・ショック 第一次１９７３～１９７７年（64～68歳）、第二次１９７８～１９８３年（69～74歳）

1976年	『見えざる革命』を刊行。日本でロッキード事件（67歳）。
1979年	『傍観者の冒険』（＝『傍観者の時代』）を刊行（70歳）。
1980年	『乱気流時代の経営』を刊行（71歳）。
1980〜1988年	イラン・イラク戦争（71〜79歳）
1985年	『イノベーションと企業家精神』を刊行（76歳）。
1986〜1991年（おおよその期間）	日本でバブル経済期（77〜82歳）。
1989年	『新しい現実』を刊行。ベルリンの壁崩壊（80歳）。
1990年	『非営利組織の経営』を刊行。東西ドイツの統一（81歳）。
1990〜1991年	湾岸戦争（81〜82歳）
1991年	ソ連崩壊。東西冷戦の終結（82歳）。

1993年	『ポスト資本主義社会』、『生態学のビジョン』（＝『すでに起こった未来』）を刊行。ヨーロッパ連合（EU）の成立（84歳）。
1995年	『大変革期の経営』（＝『未来への決断』）を刊行（86歳）。
1999年	『21世紀に向けたマネジメントの挑戦』（＝『明日を支配するもの』）を刊行（90歳）。
2001年	アメリカ同時多発テロ（92歳）。
2002年	『ネクスト・ソサエティでの経営』（＝『ネクスト・ソサエティ』）を刊行。アメリカ政府より、大統領自由勲章を受勲。（93歳）
2005年	『私の個人史』（＝『知の巨人ドラッカー自伝』）を刊行。永眠（享年95）。その後、日本でドラッカー学会が誕生。
2009年	岩崎夏海『もし高校野球の女子マネージャーがドラッカーの『マネジメント』を読んだら』（通称『もしドラ』）が刊行される。日本で第三次ドラッカー・ブームの到来。

文筆家・傍観者・社会生態学者――ドラッカーの自己規定

ドラッカーが文筆活動で展開した領域そのものは、広範かつ多様です。既存学問の枠組みでいえばその知的範囲は法学や政治学を皮切りに、哲学、歴史学、社会学、経済学、倫理学、さらには国際関係学や教育学にまでおよび、またこれらを統合する中核として彼自身が編み出した新学問領域たるマネジメント＝経営学があることになります。個々の領域もさることながら、総じて文明論的な広がりをもったものでもあります。

しかもそこには時代の潮流を読み解き、これからの世界と人の姿を見通す未来予見的な視点が備わっていました。多様な領域に通じるとともに、それらをひとつのビジョンにまとめあげることのできた稀有の存在なのです。まさに「知の巨人」、「学際的な知の統合者」というにふさわしい存在です。こうした彼の多様な顔をあえて区別して整理すると、たとえば次のようになります。もとよりこれらは、互いに重複する部分もあります。

【ドラッカーの有する側面】

（1）経営学者、経営コンサルタントとしての側面。

（2）政治学者、政治・時事評論家、ジャーナリストとしての側面。

（3）徹底した保守主義者として反全体主義者・反共産主義者であり、自由主義体制の擁護者としての側面。

（4）独自の人間論や社会論を展開した社会学者・社会哲学者としての側面。

（5）文明史的な視点から時代の潮流を把握し、すすむべき方向性を指し示した社会思想家・文明論者・未来予見者としての側面。

こうした自らをドラッカーは、どうとらえていたのでしょうか。「文筆家兼学徒としての著書に対する回想」（1972）という意味深長なタイトルの論考で、彼は「文筆家」（writer）、「社会生態学者」（social ecologist）との自己規定をしました。同稿ではとくに「学者か文筆家か」との問いには、明確に「文筆家」と答えています。自分の仕事は書くことである、と。そして自らにレッテルを張るとすれば、「社会生態学者とでも呼びうるもの」と述べています。しかし、その20年後の「ある社会生態学者の回想」（1993）では、自分は文筆家ではないとし、社会生態学者のみを名乗っています。

いずれにせよ、彼の自己規定に通底するのは、物事に対する冷徹な観察者としての視点、客観的・第三者的な視点を貫く「傍観者」（bystander）に徹していることです。傍観者は、実質的な自伝『傍観者の冒険』（＝『傍観者の時代』）（1979）で行われた、もうひとつの自己規定でもあります。ドラッカーによれば、傍観者とは単なる観察者ではない。舞台にはいるが、役者でも観客でもない。観客は芝居の命運を左右するが、傍観者は何も変えない。当事者たる役者や観客とは違う角度から違うものをみる。鏡ではなく、プリズムのように反射し屈折させるものだといいます。傍らで事態のなりゆきをただ眺めているだけの存在です。しかしそのあくまでも第三者としてニュートラルな視角から、主観的にかかわっている当事者以上に、ある意味では物事の本質を把握してしまうのです。

ドラッカー自身によれば、傍観者の宿命は他者と違った見方をすることだといいます。実際に本格的な執筆をはじめる前の13歳の時点で、ドラッカーは自らが傍観者であることを自覚しています。

ここにいう傍観者とは「懐疑者」に近いものといえます。眼前の事象を一般的な常識や通念によって理解するのではなく、自らの目で見たまま感じたままに把握する。大勢に迎合するのではなく、あくまでも自らというフィルターを通して外的世界そのものを再構築しようとする。したがってそこには、一般的な常識や通念に対する懐疑もふくまれるからです。懐疑の視点をもつ者は日常に違和感を抱きつづける者であり、正統派に対する異端ともなりえます。マイノリティ（少数派）として、なぜマジョリティ（多数派）がマジョリティたりうるのかをみつめつづけるからです。

そして外的世界を自らの内的世界で再構築していく以上、傍観者とは常に「解釈者」でもあります。外的世界の諸要素と諸関係が自らの内的世界で再構成されて体系化されるとき、外的世界には独自の意味づけと解釈がほどこされるからです。つまり傍観者とは最高の観察者であり、またそれゆえに余人にはない洞察力と着眼点・発想を備えることになります。日本語にも、岡目八目という言葉があります。ドラッカーが稀有のアイディアマンたりえた源泉は、まさにこの洞察力にあるといえます。

【ドラッカーによる3つの自己規定】

文筆家

書くことが仕事であるという意味で、ドラッカーが好んで用いた自己規定です。いわゆる評論家とは似て非なるものです。

傍観者

ドラッカーのもっとも根幹にある第三者的な視点に関する自己規定です。物事をきわめて客観的にとらえるだけでなく、独自の解釈をほどこす点で、単なる観察者にとどまりません。「最高の観察者」です。

社会生態学者

ドラッカーの最終的な自己規定です。問題意識は「継続と変革の相克」にあります。体系として行動にかかわるものであり、知識を行動のための道具としてあつかう「実践」であるとします。

マージナルマン

傍観者すなわち「最高の観察者」、これはドラッカーがユダヤ人（系）として、マージナルマン（境界人）であったこととも多分に関係しています。

手元の辞書によれば、マージナルマンとは①異質な文化をもつ複数の集団・社会に同時に属する人間、あるいは②いずれの集団・社会にも十分には属することができず、各集団・社会の境界に位置する人間です。異質な複数の文化が併存するため、特定の文化に完全に同化している人間に比して、マージナルマンは統一的な価値体系や一貫した思考・行動様式を確立することができません。他方で、自らの文化的境界性を主体的に生かしていく場合には、特定の文化に完全に同化している人間にはなしえない創造性・革新性が示されることもあるといわれます。

ユダヤ人は所在のなさゆえにアウトサイダーとして状況を観察することに長け、自らの置かれた環境＝異文化と自らのアイデンティティとの絶えざる葛藤のなかで、従来とは異なる新しいものを創造することもあります。まさにマージナルマンです。もとより他に比してユダヤ人がマージナルマンとしての傾向が強いというだけのことであって、民族的な部分のみにドラッカーの資質をもとめることは厳に慎まねばなりません。そして「傍観者は何も変えない」といいながらも、ドラッカーは「人と社会」のあり方を希求し「新しい社会」をもとめて、自ら積極的に行動することをとなえつづけました。

【オーストリア＝ドイツとユダヤ人】

「ナチス・全体主義の迫害を逃れた「中央ヨーロッパ系亡命知識人たち」（K・ポランニー、マンハイム、シュムペーター、フロムら）による諸著作は、19世紀的社会の危機がもたらした社会転換を分析している」（若森みどり『カール・ポランニー』NTT出版、2011年、128－129頁）との指摘があります。

ここにいうK・ポランニー、マンハイム、シュムペーター、フロムは、いずれもユダヤ人です。そもそもドラッカーが育まれたワイマール共和政下のオーストリア＝ドイツは、かつてないほどユダヤ人が活躍した時代でした。以上をふまえ、マネジメント＝経営学をドラッカーの全体的な思想像において理解するうえでも、彼のユダヤ性は不可避の論点と考えられます。

ドラッカーのいう傍観者の視点は、ゲーテ『ファウスト』の望楼守が歌う「みるために生まれ、物見の役を仰せつけられ」にいいあらわされているとされます。

彼によれば、これは社会生態学者にとっても金言でもあります。そしてそもそも当初からの問題意識は、「継続と変革の相克」（the tension between continuity and change）にありました。すなわち人間・文化・制度の必然的な継続性と、現代人が経験している断絶感との間に生じる緊張への関心です。そこから過去の価値観を維持し、新時代の課題に役立てられる方法を考えるようになったとします。

ドラッカーの両面性

ドラッカーは「保守的な進歩主義者」あるいは「進歩的な保守主義者」ともされますが、基本的な立場は「進歩的な保守主義者」「ラディカルな保守主義者」にあります。「継続」とは歴史であり、「変革」とは創造的破壊すなわちイノベーションです。歴史家的視点と開拓者的視点を併せもち、政治的にみれば保守的であるとともに進歩的でもあるドラッカーの両面性の根本は、まさにここにあるといえるでしょう。歴史あるヨーロッパで生まれ育ち、先端的なアメリカで才能を開花させた彼の生涯とも符合しています。

問題意識「継続と変革の相克」に由来する両面性：
「継続」＝歴史・保守と「変革」＝創造・イノベーションというふたつの視点

歴史家的視点と開拓者的視点を併せもち、政治的にみれば保守的であるとともに進歩的

↓

「保守的な進歩主義者」「進歩的な保守主義者」とも評されるが、基本的な立場は「進歩的な保守主義者」

※相反する両面の絶妙なバランスこそ、ドラッカーのアプローチの核心

ドラッカーが生涯を通して傍観しつづけた世界は、物心ついた頃の第一次世界大戦の勃発にはじまり、戦間期の世界大恐慌、全体主義の台頭と第二次世界大戦、戦後の東西冷戦、日本の高度経済成長、ソ連共産主義の誕生と崩壊、21世紀初頭のアメリカ同時多発テロの発生、世界の工場としての中国の台頭などがありました。まさに激動の20世紀の現実を目の当たりにしたのです。この間、新しいエネルギーや原材料の発明・利用、輸送技術の発達、コンピューターやインターネットの世界的普及など、あらゆる科学技術と学問分野における未曽有の発展がみられました。このなかには、もちろんドラッカー自身が編み出した「マネジメント」もふくまれます。そしてかかるマネジメントの根底にあるものこそ、「傍観者」「社会生態学者」という視点とアプローチなのです。

社会生態学とは何か

では、ドラッカーの造語によるこの新しい学問、「社会生態学」とは、どのようなものなのでしょうか。

彼によれば、社会生態学とは体系ではあるが科学ではありません。体系としての社会生態学は行動にかかわるものであり、知識を行動のための道具としてあつかう「実践」(practice)です。したがって価値自由なものではありません。あえて科学とよぶならば、死して久しい道徳科学です。そしてそれは総体としての形態をあつかいながらも、分析よりも観察と知覚を土台とするがゆえに、社会科学とは異なるとします。

ドラッカーによれば、彼自身の気質・思考・手法にもっとも近い社会生態学者はW・バジョットだといいます。変革の時代にあったバジョットは新たに登場した諸制度を中心に、社会をとらえました。ドラッカー自身も同様に、新たに登場したマネジメントをはじめとする諸制度を中心に、社会をとらえました。要するに継続の必要性と変革の必要性との相克を、社会と文明の中心的課題としてとらえたのである、と。そしてドラッカーは、そのために最初の対象としたのが「国家」という制度だったとも述べています。結果的に「国家」から「企業」、そして「マネジメント」へと彼の対象は移行していったのです。

こうしてドラッカーは社会生態学について、その領域とともに非領域をあげています。第一に

「通念に反することで、すでに起こっている変化は何か」「パラダイム・チェンジとは何か」を問いつつ、社会とコミュニティを観察することです。社会生態学者はすでに起こった未来を確認するのであって、未来を予測しない。社会生態学が絶対にそうであってはならないものが、フューチャリスト（未来学者）とよばれることである。またドラッカーは自身が数量化の手法を用いないのは、社会現象のなかで意味ある事象は、数量化になじまないからとします。世界に変革をもたらす特異な事象は、それが統計的に意味あるものとなった時には、未来にかかわる事象ではなく過去のものとなっているからです。

第二に「その変化が一時的なものではなく、本当の変化であることを示す証拠はあるか」を問い、それを知るために「その変化は何か結果をもたらしたか」「何か世の中を変えたか」を問うことです。そして第三に「もしその変化に意味と重要性があるならば、それはどのような変化をもたらすのか」を問うことであるとします。

さらに社会生態学は正しい行動を目的とするがゆえに、影響に焦点を合わせなければならない。そのような意味において、社会生態学は、医学、法学あるいは自然生態学と同様に「実践」です。継続・維持と変革・創造のバランスをはかり、動的な不均衡状態にある社会をつくることである。そのような社会のみが真の安定性と結合性をもちうるからです。そのために社会生態学者は衒学的であってはならない。自らの仕事を、一般向けにわかりやすくする責任がある。くわえて社会生態学者は言語に対する敬意と責任をもたなければならないとも述べています。

移ろいゆく「人と社会」のあるがままをとらえ、それをその本質に照らして書き記していく。これが傍観者、社会生態学者、文筆家たるドラッカーの本分というところでしょうか。物事を常にニュートラルな視点で見つめる傍観者、執筆の手をとどめることのない文筆家については理解できます。しかしながら社会生態学者なるものについては、若干の補足が必要でしょう。生態学というものを、生物と環境との関係、個体間の相互作用、エネルギー循環など、生物の生活に関する科学・体系と大まかにとらえるならば、ドラッカーのいう社会生態学とは、人々が集う社会をあたかも生命体のようにみなし生かしていく視点が織り込まれていることになります。生物が生存のプロセスを経て適応・進化していくように、社会も存続のプロセスにあって絶えざる変化のさなかにあります。ここにおいては単なる観察者というだけでなく、変化において人々が集う社会を生かし存続させていこうとする主体的な行為者の視点があることになります。

とくに主体的な行為者として、人間一人ひとりに向けるドラッカーのまなざしは熱いです。彼によれば、これまで一貫した意識として自分のなかにあったのは、現代社会における個人の自由・尊厳・地位、人間の仕事と成長と自己実現のための組織の役割と機能、社会とコミュニティ双方に対する人間一人ひとりの必要性だったといいます。

他方でドラッカーは、自著すべてを貫く信念は多様性と多元性、人間一人ひとりの独自性だと述べたことがあります。世界が集権と一元化の傾向にあるなかで、その流れに逆らって自分はマネジメントや政治、歴史その他いずれにおいても、多様性と多元性を追いもとめてきた、と。ここには社会を社会としてひとつのものとみるだけでなく、そこに生きる行為主体個々の価値や独自性を強調する視点があります。かくみるかぎり彼は、単なる傍観者ではありません。傍観者であるとともに、いやある意味ではそれ以上に行為者です。これら両者が表裏一体となったものこそが、ドラッカーなのです。

両面性のバランスを可能にするドラッカーの「マネジメント」

以上のドラッカーの基本的な視点、問題意識およびアプローチをまとめれば、次のようになるでしょう。ドラッカーには、相反する２つの側面が表裏一体となって内在しています。冷徹な観察者としての側面と、心熱き希求者の側面すなわち人間一人ひとりの幸せのために「新しい社会」を提言していく側面です。さらに論理的な側面と感覚的な側面、歴史家としての側面と変革者としての側面、あるいは政治的にみれば保守的であるとともに進歩的でもある側面です。この両面性あるいはマージナリティこそ、彼の視点の特徴であるといえるでしょう。あたかも双面神ヤヌスが門の守護神であると同時に、物事のはじまりの神であるかのごとくです。

それは、問題意識「継続と変革の相克」に端的にあらわれています。そしてこれら相反する両面の絶妙なバランスにこそ、ドラッカーの核心はあります。そこにあるのは、人間一人ひとりとそれが生きる場としての社会を充実したものとして安定させようという意識にほかなりません。「動的な不均衡状態にある社会をつくる」とドラッカーは述べていますが、ここにいう社会の安定とは単に静的な停滞状態をさしているのではありません。多分にシュムペーターからの影響が認められますが、人間諸活動により変革しつづけるための基盤としての社会の安定です。問題意識「継続と変革の相克」も突きつめれば、人間一人ひとりとそれが生きる場としての社会・文明の充実という、もっとも根源的な問題意識へとたどり着くのです。

人間一人ひとりと社会、すなわち多様性と統一性、これもまたドラッカーにおいては巧みにバランスされています。そしてこれら両面性のバランスを可能とするものとして生み出されたのが、「マネジメント」にほかなりません。こうしてドラッカー思想すべては結局のところ、この「マネジメント」というものに集約されていかざるをえないのです。

Ⅱ　本書の視点と構成

本書では、この自己規定「社会生態学者ドラッカー」にならって考察をすすめていきます。そこにはほかの自己規定「文筆家」、「傍観者」はもとより、一般的なドラッカー評価——「学者」たる「政治学者」と「経営学者」、「実務家」たる「ジャーナリスト」と「経営コンサルタント」

も包摂されると考えてのことです。

ただしその際、可能なかぎり初版刊行時のドラッカーに立脚して著書を解釈していくものとします。初版刊行時の著書をできるだけリアル・タイムなものとして読み込むことで、後づけではない、ありのままのドラッカーをとらえるのです。そのため後につけくわえられた序文やはしがき、イントロダクション、あとがきなどは副次的にあつかうものとします。

ドラッカーは著書間で概念や主張が食い違ったり異なったりする場合が少なくないですが、初版での自身の意図を後づけで違ったものに変更してしまう場合もあります。このような状況にあって、読者は気に入った言説を取捨選択して自分のドラッカー論を構築することができます。しかし、それでは、単に後年のドラッカーの手のなかで動き回っているだけにすぎません。こうした呪縛を逃れ、ドラッカーの最大公約数的な姿を見定めることが本書のねらいです。

以下の第1章～第5章では、ドラッカーの生涯にわたる主要著書の展開を時系列で追っていきます。そして「エピローグ：　マネジメントとは何か？」でこれらの検討を整理し、マネジメントに集約されるドラッカー思想の展開と全体像を浮き彫りにします。

本書の基本的な視点を要約すれば、次のようになります。

【本書の視点】

ドラッカーは自らの望む「新しい社会」の実現をめざした「社会生態学者」、すなわち思想家であり実践者です。

「社会生態学者ドラッカー」は「新しい社会」を実現すべく、次々と著書を刊行しつづけていきました。そのプロセスで「マネジメント」が誕生し、「新しい社会」実現のための中核的な存在として進化していきました。

ドラッカーは「マネジメント」を編み出して以降、マネジメント＝経営学のフロンティアを切り拓いていきましたが、彼の学問的なベースはあくまでも政治学にあります。したがって「社会生態学者ドラッカー」の内実は、大きく「政治学者ドラッカー」と「経営学者ドラッカー」のふたつの面から成り立っています。

これら「政治学者ドラッカー」をベースにした「経営学者ドラッカー」の誕生と両者の共進化により織りなされた主要著書の展開は、「新しい社会」を希求する社会論→企業論（企業社会論）→マネジメント論（マネジメント社会論）と類型化できます。

以上について、「前期ドラッカー」、「転換期ドラッカー」、「後期ドラッカー」の三類型で整理すると、次のようになります。これが本書の構成となっています。

【本書の構成】

前期ドラッカー（第1章　ドラッカー世界の成立、第2章　ドラッカー世界の進展）

「政治学者ドラッカー」の時期。

「マネジメント」の誕生前。「新しい社会」実現に向けた課題を設定（産業社会論の展開）。

●社会論

『経済人の終わり』（1939）、『産業人の未来』（1942）、『会社の概念』（＝『企業とは何か』）（1946）、『新しい社会』（＝『新しい社会と新しい経営』）（1950）

←

転換期ドラッカー（第3章　ドラッカー世界の転換）

「経営学者ドラッカー」の誕生。「政治学者ドラッカー」との併存がはじまった時期。

「マネジメント」の誕生。ドラッカーにおける世界観・方法論の転換へのきざし（産業社会論への疑問）。

●マネジメント論

『マネジメントの実践』（＝『現代の経営』）（1954）、『成果をめざす経営』（＝『創造す

る経営者』）（１９６４）、『有能なエグゼクティブ』（＝『経営者の条件』）（１９６６）

●社会論

『明日への道標』（＝『変貌する産業社会』）（１９５７）、『明日のための思想』（１９５９）

←

後期ドラッカー（第４章　ドラッカー世界の完成、第５章　ドラッカー世界のその後）

「経営学者ドラッカー」と「政治学者ドラッカー」が併存。そこにさらに、先行きへの指針を示す「未来学者ドラッカー」、「時代の診断者ドラッカー」がくわわった時期。ドラッカーにおける世界観・方法論の転換（多元的知識社会論の提示）。「マネジメント」の完成・確立。「新しい社会」実現に向けたドラッカーの絶えざる進化。

●社会論

『断絶の時代』（１９６９）、『見えざる革命』（１９７６）、『乱気流時代の経営』（１９８０）、『新しい現実』（１９８９）、『ポスト資本主義社会』（１９９３）、『大変革期の経営』（＝『未来への決断』）（１９９５）、『ネクスト・ソサエティでの経営』（＝『ネクスト・ソサエティ』）（２００２）

●マネジメント論
『マネジメント』(1973)、『イノベーションと企業家精神』(1985)、『非営利組織の経営』(1990)、『21世紀に向けたマネジメントの挑戦』(=『明日を支配するもの』)(1999)

Ⅲ　ドラッカーの著書について

本論(第1章~第5章)に入る前に、本書でとりあげる主要著書について、あらかじめ整理しておきます。

ドラッカーの主要著書一覧

若干の例外もありますが、およそドラッカー単独によるものといって差し支えない著書に限定しています。★のついたものは、本書で大きく言及するものです。欧文での原書名および邦訳書については、巻末の参考文献を参照してください。

★『フリードリヒ・ユリウス・シュタール――保守的国家論と歴史の発展』（1933）
『ドイツのユダヤ人問題』（1936）
★『経済人の終わり――全体主義の起源』（1939）
★『産業人の未来――ある保守主義的アプローチ』（1942）
★『会社の概念』（一般的な邦訳書名『企業とは何か』）（1946）
★『新しい社会――産業秩序の解剖』（一般的な邦訳書名『新しい社会と新しい経営』）（1950）
★『マネジメントの実践』（一般的な邦訳書名『現代の経営』）（1954）
『アメリカのこれからの20年』（一般的な邦訳書名『オートメーションと新しい社会』）（1955）
★『明日への道標』（一般的な邦訳書名『変貌する産業社会』）（1957）
★『明日のための思想』（1959）
★『成果をめざす経営――経済的課題とリスクをとる意思決定』（一般的な邦訳書名『創造する経営者』）（1964）
★『有能なエグゼクティブ』（一般的な邦訳書名『経営者の条件』）（1966）
★『断絶の時代――われわれの変わりゆく社会への指針』（1969）
『テクノロジー、マネジメント、社会』（1970）
『人間、思想、政治』（1971）
★『マネジメント――課題・責任・実践』（1973）

★『見えざる革命――いかにして年金基金社会主義がアメリカに到来したか』→『年金基金革命』（一般的な邦訳書名『見えざる革命』）（１９７６）
『傍観者の冒険』（一般的な邦訳書名『傍観者の時代』）（１９７９）
★『乱気流時代の経営』（１９８０）
『変貌するエグゼクティブの世界』（一般的な邦訳書名『変貌する経営者の世界』）（１９８２）
『最後の四重奏』（１９８２）
『善への誘惑』（１９８４）
★『イノベーションと企業家精神――実践と原理』（１９８５）
『マネジメントのフロンティア――明日の意思決定は今日つくられる』（一般的な邦訳書名『マネジメント・フロンティア』）（１９８６）
★『新しい現実――政府と政治、経済学とビジネス、社会と世界観』（１９８９）
★『非営利組織の経営――実践と原理』（１９９０）
『未来への経営』（一般的な邦訳書名『未来企業』）（１９９２）
★『ポスト資本主義社会』（１９９３）
★『生態学のビジョン――アメリカの状況を反映した内省』（一般的な邦訳書名『すでに起こった未来』）（１９９３）
★『大変革期の経営』（一般的な邦訳書名『未来への決断』）（１９９５）

『ピーター・ドラッカー、マネジメントという職業を語る』（一般的な邦訳書名『ドラッカー経営論集』）（１９９８）

★『21世紀に向けたマネジメントの挑戦』（一般的な邦訳書名『明日を支配するもの』）（１９９９）

★『ネクスト・ソサエティでの経営』（一般的な邦訳書名『ネクスト・ソサエティ』）（２００２）

『私の個人史』（一般的な邦訳書名『知の巨人ドラッカー自伝』）（２００５）（*My Personal History.* 牧野洋訳『ドラッカー　二十世紀を生きて』日本経済新聞社→（２００９）『知の巨人ドラッカー自伝』日本経済新聞社。）

著書の分類について

大きくは社会論系のものとマネジメント論系のものに二分できますが、さらに細分類するとたとえば以下のようになります。ただし便宜的なものであって、互いに重複する部分もあります。とりわけ社会論と社会体制論、文明論、未来論の区別は程度の差にすぎません。あくまでも参考として、お考え下さい。

【政治的な視点が強く押し出されたもの】

『フリードリヒ・ユリウス・シュタール』（１９３３）、『ドイツのユダヤ人問題』（１９３６）、『経済人の終わり』（1939）、『産業人の未来』（1942）、『会社の概念』（＝『企業とは何か』）（1946）、『新しい社会』（＝『新しい社会と新しい経営』）（1950）

【人間論（自由論）】
『経済人の終わり』（1939）、『産業人の未来』（1942）、『明日への道標』（＝『変貌する産業社会』）（1957）、『断絶の時代』（1969）、『ポスト資本主義社会』（1993）

【社会論】
『経済人の終わり』（1939）、『産業人の未来』（1942）、『会社の概念』（＝『企業とは何か』）（1946）、『新しい社会』（＝『新しい社会と新しい経営』）（1950）、『明日への道標』（＝『変貌する産業社会』）（1957）、『断絶の時代』（1969）、『ポスト資本主義社会』（1993）、『ネクスト・ソサエティでの経営』（＝『ネクスト・ソサエティ』）（2002）

【社会体制論】
『経済人の終わり』（1939）、『産業人の未来』（1942）、『会社の概念』（＝『企業とは何か』）（1946）、『新しい社会』（＝『新しい社会と新しい経営』）（1950）、『明日への道標』（＝『変貌する産業社会』）（1957）、『断絶の時代』（1969）、『見えざる革命』（1976）、『ポ

スト資本主義社会』（1993）

【文明論】
『経済人の終わり』（1939）、『明日への道標』（＝『変貌する産業社会』）（1957）、『断絶の時代』（1969）、『ポスト資本主義社会』（1993）

【未来論】
『アメリカのこれからの20年』（＝『オートメーションと新しい社会』）（1955）、『明日への道標』（＝『変貌する産業社会』）（1957）、『断絶の時代』（1969）、『見えざる革命』（1976）、『ポスト資本主義社会』（1993）、『ネクスト・ソサエティでの経営』（＝『ネクスト・ソサエティ』）（2002）

【マネジメント論】
・企業のマネジメント論
『マネジメントの実践』（＝『現代の経営』）（1954）、『成果をめざす経営』（＝『創造する経営者』）（1964）
・組織一般のマネジメント論

『マネジメント』（1973）、『イノベーションと企業家精神』（1985）

・経営戦略論（イノベーション論）

『成果をめざす経営』（＝『創造する経営者』）（1964）、『イノベーションと企業家精神』（1985）

・NPOのマネジメント論

『非営利組織の経営』（1990）

・セルフ・マネジメント論

『有能なエグゼクティブ』（＝『経営者の条件』）（1966）

【経営者に関心のあるトピックや、どちらかといえば時事論的な事柄をあつかったもの】

『乱気流時代の経営』（1980）、『変貌するエグゼクティブの世界』（＝『変貌する経営者の世界』）（1982）、『マネジメントのフロンティア』（＝『マネジメント・フロンティア』）（1986）、『新しい現実』（1989）、『未来への経営』（＝『未来企業』）（1992）、『大変革期の経営』（＝『未来への決断』）（1995）、『21世紀に向けたマネジメントの挑戦』（＝『明日を支配するもの』）（1999）

【ドラッカー個人の視点・方法論に関するもの】

『傍観者の冒険』（＝『傍観者の時代』）（１９７９）、『生態学のビジョン』（＝『すでに起こった未来』）（１９９３）、『私の個人史』（＝『知の巨人ドラッカー自伝』）（２００５）

【小説】

『最後の四重奏』（１９８２）、『善への誘惑』（１９８４）

「新しい社会」への物語上、ポイントとなる重要書７冊

本書の視点「新しい社会」への物語から、とくに重要な著書をあげておきます。評者によって異なるでしょうが、[1] 筆者は以下の７冊と考えます。これらが①→②→……→⑦と刊行されていった流れは一連の展開をなしており、ドラッカー思想の背骨にあたります。どれひとつとっても、ドラッカーを代表する著書といえるほどの傑作です。

①『経済人の終わり』（１９３９）、②『産業人の未来』（１９４２）、③『新しい社会』（＝『新しい社会と新しい経営』）（１９５０）、④『マネジメントの実践』（＝『現代の経営』）（１９５４）、⑤『断絶の時代』（１９６９）、⑥『マネジメント』（１９７３）、⑦『ポスト資本主義社会』（１９９３）

これら7冊について、あらかじめその意義を簡潔に述べておきます。

①『経済人の終わり――全体主義の起源』（1939）

ドラッカー初の本格的な書であり、思想的原点の書です。全体主義を告発した政治的な書ながら、根底にあるのは崩壊しゆく旧秩序にかわる新秩序すなわち「新しい社会」の希求です。そのスケールは単なる社会論を超えて文明論にまでおよぶ壮大なものですが、「新しい社会」実現への建設的な主張は次著『産業人の未来』（1942）をまつことになります。後にドラッカーがあつかう論点や方向性が有形無形にふくまれており、「社会生態学者ドラッカー」の原点として必読の書です。

②『産業人の未来――ある保守主義的アプローチ』（1942）

ドラッカーが産業社会論にとり組んだ最初の書であり、彼の理論的起点の書です。アメリカを中心とした戦後社会構想として、めざす「新しい社会」のビジョンとその実現に向けた具体的な枠組み・方向性が提示されています。後のドラッカーが全著書のなかで「もっとも野心的な本」「もっともおもしろく読める本」と述べているように、新しい産業社会のあり方が生き生きと、そしてのびのびと描き出されています。全体を通じてほとばしる人間・社会への情熱が、本書の活写を可能にしています。理想に燃える若き日のドラッカーが感じられる痛快作です。

③**『新しい社会――産業秩序の解剖』**（＝『新しい社会と新しい経営』）（１９５０）　←

前期ドラッカーの産業社会論における総決算・集大成の書であり、次著『マネジメントの実践』（＝『現代の経営』）（１９５４）の母胎となった書です。前著『会社の概念』（＝『企業とは何か』）（１９４６）での考察をたたき台に、企業を社会制度と位置づけるアプローチが確立し、原書タイトルそのままに「新しい社会」のビジョンが「生きがいのある社会」として強く結論づけられています。『会社の概念』の陰に隠れた形で忘れられがちですが、同書の完成稿や清書といえる高い完成度をほこっています。同書よりもドラッカー社会論の最高傑作のひとつと位置づけられるべき名著です。

④**『マネジメントの実践』**（＝『現代の経営』）（１９５４）　←

「マネジメント」誕生の書であり、「経営学者ドラッカー」誕生の書です。前著『新しい社会』（＝『新しい社会と新しい経営』）（１９５０）での産業社会論にもとづき、マネジメントの意義と機能がきわめてあざやかに提示されています。それは社会・文明と企業内のいずれにもわたるものであり、豊富な事例にもとづいて生き生きとリアルに迫ってきます。読者をやる気にさせる魅力に満ちた書でもあり、マネジメント＝経営学の金字塔といえる名著です。

←

⑤『断絶の時代――われわれの変わりゆく社会への指針』（1969）

ドラッカーが多元的知識社会論を体系的に提示した書であり、後期ドラッカーはじまりの書です。理論的フレームワークとして前期ドラッカーの起点になっているのが『産業人の未来』（1942）であるならば、後期ドラッカーのそれはまさに本書です。ただし知識、知識労働者、知識社会をめぐる本書の問題意識は単なる社会論にとどまらず文明論にまでおよぶ壮大なもので、21世紀以降の今なお進行中です。われわれはいまだその真の意義を見定めることができないという意味で、本書はドラッカー最大の問題作でもあります。

←

⑥『マネジメント――課題・責任・実践』（1973）

「マネジメント」の理論的完成の書であり、ドラッカーの代名詞的な書です。そして量と質いずれにおいても、ドラッカー随一の大作です。本書で「マネジメント」は営利企業のみならず組織体全般に適用される普遍的なものと位置づけられ、その社会的意義はさらに高められていま す。また何よりも「マネジメント」概念そのものにドラッカーの思想的エッセンスが凝縮されています。初版序文「専制にかわるもの」(＝「自由」を実現するもの)とはまさに「マネジメント」を意図しており、「新しい社会」への彼の想いを込めたものこそが「マネジメント」であることがわかります。

↓

⑦『ポスト資本主義社会』(1993)

ドラッカー生涯の総決算・集大成の書です。これまでドラッカーがあつかってきた論点すべてが本書におさめられているといってよく、またそれら諸糸が独自の文明史観＝知識史観ともいうべきものによって、見事に1本の大縄へとより合わされています。マネジメントの実践的な技法が論じられているわけではありませんが、本書においてドラッカーのマネジメント論と社会論は別個のものではなく、より強固にむすびつけられてあざやかに体系化されています。これほど壮大なスケールは、マルクス、ウェーバー、ヴェブレンらと同列にあるといってよいでしょう。本書によって、まさにドラッカーは「社会科学における知の巨人」との評価を決定づけたのです。

※プロローグのまとめ

【この本は、ドラッカーの全著書をどのような視点で読み通すのか？】

●ドラッカーのアプローチ

社会生態学：「継続と変革の相克」が問題意識

「継続」（歴史・保守）と「変革」（創造・イノベーション）という、相反する両面の絶妙なバランスこそ、ドラッカーのアプローチの核心

↓

人間一人ひとりとそれが生きる場としての社会を充実したものとして安定させようという意識

●本書の視点と構成

自己規定「社会生態学者ドラッカー」にならって、考察をすすめていく

←

「ドラッカーは自らの望む「新しい社会」実現をめざして、次々と著書を刊行しつづけていった、そのプロセスで編み出され、思想的シンボルへと集成されていったのがマネジメントである」、という展望のもと、彼の生涯にわたる著書を読み解き、まとめていく。

第1章　ドラッカー世界の成立——「新しい社会」をもとめて

とりあげる主な著書

『フリードリヒ・ユリウス・シュタール——保守主義的国家論と歴史の発展』（1933）
『経済人の終わり——全体主義の起源』（1939）
『産業人の未来——ある保守主義的アプローチ』）（1942）

ドラッカー、24歳～33歳

背景：

・戦間期（第一次世界大戦と第二次世界大戦の間）～第二次世界大戦
・世界大恐慌の発生
・全体主義の台頭

ドラッカーの出来事：

・ドイツで仕事をしながら、大学へ通う。
・ナチスの政権掌握とともにドイツを出国し、渡米。
・渡米後、いくつかの仕事をしながら、大学に常勤職をえる

「本書は政治の書である。したがって、学者の冷静な態度や新聞記者の公平性を主張するものではない。本書には、政治的な目的がある。すなわち全体主義に与して自由を廃棄する脅威に対して、自由を守る意志を強めることである。これは、ヨーロッパの伝統と全体主義革命の間には、原理的にいかなる妥協もありえないという確信にもとづくものである。」(*The End Economic Man* (1939) p. xv. 上田惇生訳(２００７)『経済人の終わり』ⅲ頁。)

「自由とは、責任ある選択である。それは、権利というよりも義務である。真の自由とは、何かからの解放ではない。それは気ままにすぎない。自由は何らかの行為をするかしないか、ある方法にするか別の方法にするか、ある信念をもつか逆の信念をもつかを自ら選ぶことである。それは決して解放ではなく、常に責任がともなうものである。「楽しい」ものではなく、人間に課された最大の重荷である。社会の行為と自らの行為を決定し、そのいずれに対しても責任を負うことである。」(*The Future of Industrial Man* (1942) pp.109-110. 岩根忠訳(１９７２)『産業にたずさわる人の未来』[所収は『ドラッカー全集』第1巻]、３２７頁。)

Ｉ　はじめに

本章では、ドラッカーの思想的基盤をなす最初期の3冊『フリードリヒ・ユリウス・シュタール』（１９３３）、『経済人の終わり』（１９３９）、『産業人の未来』（１９４２）をとりあげますが、中心は後二著にあります。この間のドラッカーは24歳～33歳で、文筆家としての形成期にあたります。世情は世界大恐慌を経て全体主義が台頭し、第二次世界大戦へ突入していった頃です。大学生だったドラッカーは証券アナリストや新聞社の記者および編集者などの仕事もしていましたが、１９３３年のナチス政権誕生により、ドイツ国内は戦争への緊張感がしだいに高まっていました。

このようななか、彼は『シュタール』の出版後すぐにドイツを出国し、１９３６年まで在英します。『経済人の終わり』の執筆は在英時代からはじめられ、脱稿したのが渡米後の１９３８年だといいます。渡米後はフリーの記者などを経て、大学の教職に就くことになります。そして第二次世界大戦の真っただ中に、『産業人の未来』を出版しました。真の処女作は『シュタール』ながら、初の本格的な著書『経済人の終わり』が実質的な処女作として一般に受け入れられています。

Ⅱ 『フリードリヒ・ユリウス・シュタール——保守主義的国家論と歴史の発展』（1933）

【主要もくじ(2)】
本書はローマ数字で表記される5つのパートからなっており、見出しはありません。

シュタールを通じて表明されたドラッカーの反全体主義

本書はわずか32頁足らずの小著ながら、ドラッカーのドイツ脱出のきっかけとなった書です。ここでのドラッカーによれば、シュタールは現実の政治に「真の立憲君主制」を構築し、その後のドイツの基礎となる新たな「秩序」を生み出しました。彼の国家論は、最上位の倫理概念「道徳の国」を中心に展開されます。「道徳の国」は人間の目的であり、現世の「国家」はそこへいたる準備段階でしかありません。不完全な「国家」においては、個々の人間すなわち国民は自由である一方、「道徳の国」の意思をもった権力者すなわち国家指導者を必要とします。ここに両者を規律づける存在として、「法治国家」が措定されます。そしてその具体的形態としてシュタールが提示した新秩序こそ、「立憲君主制」にほかならなかったのです。

ただしシュタール学説そのものには、保護主義と歴史の対立という根本的な矛盾がはらまれていました。かくてシュタールは、この矛盾を「保守的国家」という形で昇華させていきます。「保守的国家」とは、人間の最上位にある秩序にもとづきながら、歴史における発展を認め、歴史的に守るに値する既存のものを維持し、次代へつなげていくものということになります。ここにドラッカーは自らの国家観そして政治的方向性を重ねてむすびとしています。「国家」は、人間の不完全さから生み出された自由や諸権利すべてを肯定し守る存在である。決して「国家」が唯一の義務となってはいけない。「全体主義的国家」となってはいけない、と。

もとより本書はシュタールを論じつつも、その底意はドラッカー自身の主張を表明することにあります。自らの国家観と政治的方向性、つまるところ反全体主義の立場を明らかにしたのです。実にシュタールは「キリスト教徒になったユダヤ人」ですが、これはドラッカー自身のことでもあります。シュタールに自らを重ね合わせる形で、彼は自らの反全体主義を強く訴えたのです。

当時の彼自身の意図と思惑すべてを結集した渾身の力作というよりも、未熟であっても公表することにこそ意義があった著書です。まさに若いからこそできた作品でしょう。本書は、ドラッカーにおける問題意識の表明でした。

刊行とともにドラッカーはドイツを離れ、イギリスを経てアメリカへ渡ります。そして本書から6年後に、事実上の処女作『経済人の終わり』（1939）を刊行することになります。執筆時期がかなり近く前後しているからでしょうが、両著は全体的なムードがきわめて近親的です。

本書はかなり控え目で後書は過激ではあるものの、いずれも反全体主義とりわけ反ナチスを露わにします。すなわち『シュタール』（1933）はユダヤ人政治思想家の現代的な意義を明らかにすることで反全体主義の立場を表明するにすぎませんが、『経済人の終わり』（1939）は全体主義の本質を否定と破壊とし、その排撃をあからさまにうたうのです。

原体験としての国家

こうした反全体主義の意識に通底するのが、自らの原体験「強大化した国家による人間個人の抑圧」なのはいうまでもありません。「社会生態学者」としての問題意識「継続と変革の相克」からみれば、この「継続と変革の相克」をまずもって表明したのがまさに本書『シュタール』にほかなりませんでした。転換期にある社会を新しい時代に向けて、いかに変革して適応させ、安定化させていくのか。ドラッカーはそれを「国家」という「制度」にもとめました。後の彼自身が述べるように、この制度観は、「企業」概念を経て、「マネジメント」概念に脈動していくものです。

その他にも、とりわけ『経済人の終わり』を通じて、本書から後の著書群へと受け継がれていったものが多く見受けられます。もとより当時の彼は「政治学者ドラッカー」であり、ほとんどが政治学的な視点からのものです。「国家」をめぐる「秩序」や「権力」が主要論点とされ、自らの政治的方向性として「保守主義」、「一体性と多様性」および両者のバランスなどが説きおよばれています。

また「歴史と進歩」すなわち「保守と変革」や、理性ならびに近代合理性への懐疑が言明されるとともに、「自由」「責任」への言及もみられます。これらのうち、「秩序」は転換期の社会を変革し安定させるという問題意識、まさに「継続と変革の相克」をあらわしたものにほかならず、前期ドラッカーにおける最重要キー・ワードのひとつです。本書でも神を最上位におくシュタールを対象としながら、神との関係すなわち「秩序」を上位概念として「国家」が論じられており、「人と社会」を見据えるドラッカーの本質がモラリストであることが如実に示されています。

また本書『シュタール』では「両極性」なる独自の考え方によって、シュタールの二元論「一体性と多様性」をとらえています。この考え方もまた、ドラッカー自身の「継続と変革の相克」や「一体性と多様性」および両者のバランスというアプローチに通底するものです。

Ⅲ　『経済人の終わり――全体主義の起源』（１９３９）

【主要もくじ】
H・N・ブレイルズフォードによるイントロダクション／序文（foreword）／第１章　反ファ

シズム陣営の幻想／第2章　大衆の絶望／第3章　悪魔の再来／第4章　キリスト教の失敗／第5章　全体主義の奇跡：　イタリアとドイツはテスト・ケースなのか／第6章　ファシズムの非経済至上主義社会／第7章　奇跡か蜃気楼か／第8章　未来：　西側対東側か

本書はドラッカー初の本格的な著書ですが、政治的な意気込みの強さという点で全著書中きわだった存在です。ドラッカーによれば、本書の一部は1935年か1936年にオーストリアのカトリック系出版社から小冊子として発行されています。『ドイツのユダヤ人問題』（1936）のことです。

時の人チャーチルが大絶賛したこともあって、『経済人の終わり』はベスト・セラーとなり、ドラッカーには文筆家としての道が切り拓かれました。その他にも雑誌王ヘンリー・ルースなど、多くの有力者の目にもとまっており、様々なチャンスが訪れることになります。

【貴重な『ドイツのユダヤ人問題』】

わずか24頁程度の小著ながら、ドラッカー唯一のまとまったユダヤ人論であるとともに、自らがユダヤ系であることを認めたうえで考察を展開しているおよそ唯一の書です。

彼は前著『シュタール』（1933）の刊行と前後して、ヒトラーが政権をとった数週間後に『経済人の終わり』（１９３９）を書きはじめ、１９３７年にはすでに完成していたといっています。そしてそのうち、「ナチスの反ユダヤ主義」に関する部分を小冊子として刊行したのが、本書だと位置づけています。

ナチスの台頭により深刻化していくユダヤ人問題を目の当たりにして、当時のドラッカーはじっとしていられず刊行したというところでしょうか。ただし本書は小冊子とはいえ、『経済人の終わり』での「ナチスの反ユダヤ主義」に関する部分よりもはるかに分量が多く、内容的にもそれなりの違いが認められます。

内容としては、人種理論によってドイツにおける人種的反ユダヤ主義の根拠を跡づけ、ナチスのユダヤ人政策を論じています。ユダヤ系としての自己を自覚するとともに、「保守的かつ愛国的な多くのドイツ人」のひとりとして、ドラッカーはつとめて客観的に、これからのユダヤ人およびドイツの行く末への建設的な提言を行っています。

「政治の書」としての『経済人の終わり』

「継続と断絶の相克」にもとづくドラッカーは、転換期における社会の安定を課題としていました。当初は「法治国家」研究に注目しつつも断念せざるをえず、全体主義とりわけナチズムの告発へと筆を向けることになります。それが本書『経済人の終わり』（1939）でした。「文筆家ドラッカー」の本格的なスタートですが、「政治学者ドラッカー」による政治的社会論としてのものでした。

初版「序文」の第一声は、「本書は政治の書である」との言明です。本書には明確な政治目的があり、それは専制に対抗し自由を守ることである。そのため学者の冷静な態度も、新聞記者の公平性も主張しない。そして全体主義を根源的な革命として理解し、ヨーロッパの伝統とはいかなる意味においても妥協しえないとします。反全体主義をはっきりと前面にかかげ、自由への意志を強く訴えるのです。

こうして本論においてドラッカーは、従来の全体主義に関する通説を概観してその誤りを指摘し、そのうえでなぜ全体主義が大衆に受け入れられたのかを詳述します。不況・失業という「新しい悪魔」を前にして、資本主義も社会主義もさらには宗教でさえも、何ら有効な手を講じることができずにいる。資本主義と社会主義いずれも、旧来の秩序「経済人」(Economic Man)や「経済至上主義社会」(economic society)によっているがゆえに、新しい秩序たるべき「非経済至上主義社会」(noneconomic society)に対応することができないからである。何も依拠すべきものをもたない大衆は、全体主義に望みを託すしか道はない。魔術的な力をもって全体主義は「新しい悪魔」を駆逐し、新しい秩序「非経済至上主義社会」をまさに実現しているかにみえる。

しかしそれも戦争を利用してのことであって、根本は資本主義や社会主義と同様に、旧来の秩序「経済人」や「経済至上主義社会」によっているにすぎない。全体主義の成功はしょせん蜃気楼でしかない。「経済人」の崩壊による行きづまりから、「自由・平等人」(Free and Equal Man)の新しい積極的な非経済的な考えへといたることができるかどうかが、問題である。すなわち社会主義でも資本主義の民主主義でもまたその組み合わせでもなく、自由で平等な社会の新しい非経済的な考え方こそが問題なのである。こうして「非経済至上主義社会」の実現に向けて行動することの重要性がうたわれるのです。

本書はナチス・ドイツとソ連の条約締結（１９３９年）や、ナチス・ドイツによるユダヤ人の虐殺を予見したものとしても知られます。後の未来予見者としての感覚的な鋭さを当初より発揮していたわけですが、本書は単なる「政治の書」ではありません。全体主義批判の底流をなすのは、旧来の秩序の破綻により、社会の一体性とそのコミュニティが崩壊の運命にあるという危機意識です。つまり根本的な視点は、「秩序」＝「人と社会のあり方」にすえられています。

ドラッカー思想の原点の書

なおドラッカー自身もユダヤ系であった点を考慮すれば、本書のユダヤ人に関する叙述のもつ意味も、非ユダヤ人が書いたものとは自ずと異なった意味をもってくるでしょう。このことは、本書を読み解くうえで決して無視しえない重要なポイントです。

本書をドラッカー思想の原点としてみれば、一読しただけでもその後のドラッカーにつながる部分を有形無形に数多く見出すことができます。まず社会への強力な視点です。彼の最大の関心は、人間とそれが集う場としての社会・文明にあります。マネジメント論をふくめた後の全ての著書に通底するのは、この人間・社会・文明をいかに望ましいものとするかということにほかなりません。マネジメントの発明も、そのためのものです。本書全体を通じて、頻出の言葉は「全体主義」「ファシズム」「ナチズム」なのはもちろんながら、その他で目につくのは「秩序」(order)や「社会(的)」です。常に彼の視点は、移ろいゆく社会とそこにおける人間のあり方に注がれていることが確認できるのです。とりわけそれは、次著『産業人の未来』(1942)へ継承され体系化されることになります。

またタイトル『経済人の終わり』は人間個人像としての「経済人」仮説の限界と終焉をあらわすものですが、内容的にも「経済人」仮説および「経済至上主義社会」の限界と終焉を宣言したものです。これはひいては社会アプローチの手法としての経済学の限界と終焉をも意図しています。この点でみると、ドラッカーは当初から厳密な意味での「非経済学者」であったことになります。ここにわれわれは、経済学との決別とそれにかわる新たな社会アプローチの手法として、やがて彼が「マネジメント」の発明へといたる必然的な道程を見出さずにはいられないのです。

【ドラッカーと経済学】

ドラッカーは終生、経済学とは一定の距離を保っていました。既存経済学に対して根本的な批判を行う一方、「新しい経済学」の必要性をも指摘するというものです。しかも、そのように考えながら、決して彼自らが「新しい経済学」を構築しようとはしませんでした。つまり「反経済学」ではなく、あくまでも「非経済学」の立場にあったのです。

その意味で「マネジメント」とは、彼の「非経済学」の所産ということができます。「マネジメント」誕生の書『マネジメントの実践』（＝『現代の経営』）（１９５４）は、経済学とハッキリ区別される存在となった点で、マネジメント≠経営学にとって独立宣言の書でした。

経済学と決別したドラッカーが生涯一貫して「非経済至上主義社会」をめざしていたという点でみれば、彼の問題意識の根底には「第三の道」としての社会体制論があったことになります。ただしそこでの課題設定は「資本主義か社会主義か、その混合による第三の道か」ではなく、「資本主義と社会主義を越えた第三の道の模索」というものです。このことは、ドラッカー社会論の枠組みとしてきわめて重要な点です。

社会生態学者としての視点「継続と変革の相克」も、本書でいかんなく発揮されています。本書の底流をなすのは、旧来の秩序の破綻により、社会の一体性とそのコミュニティが崩壊の運命にあるという危機意識でした。記述そのものは傍観者的なスタンス寄りであり、眼前の崩壊がどちらかというと退廃的かつニヒリスティックにとらえられています。新しい人間像・社会像として「非経済人」「非経済至上主義社会」の必要性が随所でさけばれてはいますが、それがどのようなものなのか、またどうすればいいのかに関する明確な記述はありません。崩壊をながめる視点の奥に、何とかしなければという強い焦燥感が伝わってくるだけです。全体的に無力感漂う陰鬱な暗さにおおわれています。

あくまでも「政治学者ドラッカー」による政治的社会論ですが、後のドラッカーにつながるものが実に多く見出せます。社会生態学者の視点、人間・社会・文明への視点、とりわけ人間が生きる場として「非経済至上主義社会」をめざすという社会への強力な視点、「非経済学者」の視点すなわち経済学にかわる新たなアプローチとしてやがては「マネジメント」の発明へいたる視点、未来予見者的な視点、といったところです。まさにドラッカー思想の原点といいうる内容です。

一著者のあらわしたものとしてみても、スケールの大きさと深さ、該博な知識とそれをさばく独自の歴史認識、従来説を網羅したうえで自説を展開していく説得力、切り口の斬新さすなわち視点とアプローチのオリジナリティとユニークさ、問題の本質に切り込む鋭敏さなど、総じて本書は稀有のセンスを感じさせずにはいられないものであることは間違いありません。

Ⅳ　『産業人の未来――ある保守主義的アプローチ』（１９４２）

【主要もくじ】
第１章　産業社会をめざす戦争／第２章　機能する社会とは何か／第３章　19世紀の商業社会／第４章　20世紀の産業主義の現実／第５章　ヒトラリズムの挑戦と失敗／第６章　自由な社会と自由な政府／第７章　ルソーからヒトラーへ／第８章　１７７６年の保守反革命／第９章　ある保守主義的アプローチ

前作との補完関係

『経済人の終わり――全体主義の起源』（１９３９）にはじめて接した人がまず思うのは、タイトルの意味です。「経済人の終わり」とは何を意味するのか。そしてそれがサブ・タイトル「全体主義の起源」とどうむすびつくのか、これだけでは皆目見当がつきません。タイトルのつながりでいえば、つづく『産業人の未来――ある保守主義的アプローチ』（１９４２）でもって理解することが可能となります。「経済人の時代が終わって、産業人の時代がはじまる」、と。

また事実両著は相互補完的な関係にあり、前編と後編をなすワン・セットとしてとらえることができます。前編たる『経済人の終わり』が眼前の社会情勢を批判・告発するだけで終わっているのに対し、ではどのような社会をめざせばよいのか、具体的な「新しい社会」像を提示したのが後編たる『産業人の未来』（１９４２）というわけです。前編で問題を提起し、後編で答えを提示するという流れです。

また『経済人の終わり』が従来の社会アプローチとしての経済学の限界と終焉を宣言したものであるならば、『産業人の未来』はそれにかわる新たなアプローチを模索したものといえます。実に本書『産業人の未来』はドラッカーにおいて社会論のみならず、マネジメント論もふくめた全所説のフレームワークをなしており、理論的な意味での起点としての意義を有しています。ひるがえって、この『産業人の未来』をもってはじめて、『経済人の終わり』の真意は理解可能となります。両著は世界観が同一なのはもちろん、独自の基本的な概念についても互いに解説しあう関係にあるからです。

理論的な起点が『産業人の未来』とはいえ、しかし思想の原点はやはり『経済人の終わり』にあるといわざるをえません。というのも真の処女作『シュタール』（１９３３）での問題意識、「継続と変革の相克」すなわち転換期における社会の安定化という課題を受け継ぎ、告発という形ながらも、大きくまとめあげているからです。

後年のドラッカーによれば、『経済人の終わり』があらゆる継続性と信条を喪失した社会、悲惨な恐怖と絶望に陥った社会の崩壊を記録するものであったのに対し、そこで継続と変革いずれをも可能とする産業社会のための社会理論と社会構造を展開すべく、『産業人の未来』を執筆したといいます。『経済人の終わり』の完成が渡米後の1938年であったのに対し、『産業人の未来』はその4年後に刊行されています。第二次世界大戦のさなかとはいえ、伝統的なヨーロッパとは異なる「自由の国アメリカ」を肌で感じながら、執筆されたのです。『経済人の終わり』が全体主義の告発を目的としたものならば、『産業人の未来』は全体主義亡き戦後社会における青写真を描くことを目的としたものでした。

「自由で機能する社会」と「社会の純粋理論」二要件

本書で戦後世界のあり様をみつめるドラッカーは、そこにおける新しい産業社会を「自由な社会」にしようとし、より具体的な目標として「自由で機能する社会」をかかげます。この「自由で機能する社会」について、本書では主に前半で「機能する社会」が、後半で「自由な社会」が論じられます。まず前半の「機能する社会」については、その規定として「社会の純粋理論」二要件が提示されます。そしてこの「社会の純粋理論」から、19世紀商業社会や眼前の20世紀社会、ヒトラリズムが検証されます。「経済人」「経済至上主義社会」をモデルとする19世紀商業社会は二要件を充たしており、「機能する社会」でした。しかし眼前の20世紀社会では充たされておらず、すでに「機能する社会」ではなくなっています。そこで二要件を満たすべく登場したのがヒトラリズムでしたが、自由を犠牲にして戦争を永続させなければ実現できないという点で、すでに限界はみえているとしています。

後半の「自由な社会」については、「自由」そして「自由な社会」が規定されます。「自由」とは「責任ある選択」(responsible choice) であり、「自由な社会」とは社会の一人ひとりが責任をもって決定する自己統治を原理とする。そもそも自由を破棄する全体主義の登場は、理性への過信にある。その根源はフランス革命の理性主義にある。実にルソーからマルクス、ヒトラーは同一直線上にある考え方である。いまここで用いるべき方法は、フランス革命を克服したアメリカ革命、すなわち理性主義的専制に対して、自由のために立ち上がった保守反革命である。総じて「自由で機能する社会」実現のために必要なのは、いまだ旧来の商業社会のままである社会的価値を、「新しい産業社会」および「産業人」の現実に合わせてつくりかえることである。そのためには「工場企業体」(the plant) を自治によるコミュニティへと発展させるべきである。当面それが可能なのはアメリカだけだとしています。

本書『産業人の未来』(1942) で特筆されるのは、ドラッカー社会論の中核たる「社会の純粋理論」(pure theory of society) 二要件が定式化されたことです。社会を定義することはできないが、機能から社会を理解することはできるとして、機能する社会の二要件すなわち①人間一人ひとりに社会的な地位と役割を与えること、②社会上の決定的権力が正当であることが、提示されたのです。①はコミュニティ実現にかかわる要件（コミュニティ実現問題）であり、②はコミュニティをまとめる権力の正当性実現にかかわる要件（権力正当性実現問題）です。

眼前の20世紀産業社会は、その代表的な社会現象すなわち「大量生産工場」(the mass-production plant)と「株式会社」(the corporation)において二要件を充足していない。要件①について、大量生産工場はそこに働く一人ひとりを機械の一歯車とみなし、彼らに人間としての社会的な地位と役割を与えていない。要件②について、株式会社は「所有と経営の分離」によって自律的な社会的実体となっているが、社会上正当な権力とは認められないものである。いかにすべきか、と。こうしてドラッカーは「工場企業体」を自治によるコミュニティへと発展させることをもって、解決の方向性を示すのです。この「社会の純粋理論」二要件は、前期ドラッカーの中心的論点とさえいいうるものでした。

【「社会の純粋理論」二要件】

社会が社会として機能するために必要な条件（要件）：

①人間一人ひとりに社会的な地位 (status) と役割 (function) を与えること（コミュニティ実現問題）

②社会上の決定的権力が正当である (legitimate) こと（権力正当性実現問題）

※1　上田訳では「社会の一般理論」となっていますが、『産業人の未来』の本文中では「社会の純粋理論とでもいうべきもの」となっています。本書では、原語にならって表記しています。

※2　上田訳が一般に普及している昨今、要件①のstatusは「位置」と訳されることが多いです。ドラッカーのほかの著書では「社会の純粋理論」要件①のstatusに該当する語として、place、position、standing、rankらが入り混じって用いられています。これらにはいずれも社会的な「地位」「身分」といった上下関係の意味がふくまれており、「位置」の訳語ではこの含意を十分にはあらわせないと考えられます。以上から、本書ではstatusを「地位」と訳出しています。

※3　要件② legitimate（legitimacy）の訳語については、「正統（性）」か「正当（性）」かが訳者によって異なっており、しばしば混乱をきたしています。本来は政治学の概念であり、手元の文献で確認した範囲でも、（1）両者を同じとするもの、（2）「正統性」と訳すもの、（3）「正当性」と訳すものなど、まちまちです。

こうした訳語の違いについて三戸（2011）は、もともと日本語には「正統性」だけがあり、「正統性」から「正しく道理にかなった」意味として「正当性」の語がスピン・オフしたと指摘しています（206－208頁）。本書では「正統性」は「系統としての正しさ」の意味が強いと考えられるため、三戸にならって「正当性」の語を用いています。

ドラッカー理論の起点の書

前著『経済人の終わり』（1939）に比べて、本書『産業人の未来』（1942）は抽象的な表現も少なく、構成も大きく明瞭に整理されており、論理的でかなりわかりやすくなっています。ドラッカーの数ある社会論系の著書のなかでも、内容的な充実度と構成力という点で屈指のものといえます。そして未来に向けて希望の光を灯さんとするポジティブな筆致は刺激的で、何よりも読んでいて単純に面白いです。

前半「機能する社会」部分での「社会の純粋理論」二要件の提示も重要ですが、後半「自由な社会」部分での「自由」をはじめとするドラッカー自身の基本的なアプローチを提示していることもまた重要です。キー・ワードたる「自由」の定義については、『経済人の終わり』での考察を発展させてドラッカー独自のものとしているのがみてとれます。

またルソー批判にみられるポスト・モダンへの認識など、本書でも後のドラッカーにつながる諸論点が多くふくまれています。やはりドラッカー理論の起点とみなせるだけのものです。さしあたり『経済人の終わり』とのかかわりに限定してみると、同書にはなかった基本的な世界観および概念が明確に規定されています。「社会」や「自由」といった基本的概念、そしてドラッカーが考える「良い社会」像たる「新しい産業社会」＝「産業を中心とする新しい社会」の姿、「真の保守主義」といったドラッカーの基本的な立場やアプローチの手法、近代西洋合理主義への懐疑とそのあつかい方といったドラッカー独自の哲学的土台などが、具体的に説明されています。

これらを総じていうならば、ドラッカーという著者本人のありのままの姿が明確に提示されたのが本書『産業人の未来』なのです。これは、傍観者的スタンス寄りの『経済人の終わり』にはないものです。『経済人の終わり』が「傍観者ドラッカー」の色彩強いものであるならば、『産業人の未来』は「行為者ドラッカー」の色彩強いものです。

したがって『産業人の未来』を前提に『経済人の終わり』を読み返すと、確かに内容がよりよく理解できることになります。というより、逆に『産業人の未来』の内容を理解してしまった後で、『経済人の終わり』だけを単独で理解しようとするのはむしろ困難となってしまう感さえあります。

その他『経済人の終わり』から発展させた部分として、新しいコミュニティの模索があります。『産業人の未来』では最後にそれを「工場企業体」(the plant) にもとめ期待するのですが、かかる認識は後の新しい企業観、社会制度的企業論へと明確につながるものです。さらに後の工場コミュニティ論の萌芽も、見出されます。

V　整理と検討：　思想の原点、理論の起点

『シュタール』（1933）は「社会生態学者」としての問題意識「継続と変革の相克」を底流としつつも、いまだ片鱗を示すにとどまっています。同書を経て、『経済人の終わり』（1939）と『産業人の未来』（1942）において、ドラッカーの基本的な世界は姿をあらわしました。いわば彼において『シュタール』は問題意識の表明、『経済人の終わり』は思想の原点、『産業人の未来』は理論の起点としてあり、とりわけ後二書は相互補完的かつ相即不離の関係にあります。『経済人の終わり』では後のドラッカー世界へとつらなる諸論点が有形無形に見出されます。もとよりその後の華々しいドラッカー著書群のなかでみれば、まださなぎの段階でありダイヤモンドの原石といった感があります。しかしここでの問題意識すなわち「新しい社会」＝「非経済至上主義社会」の希求は、ドラッカー世界における扇の要としてとりわけ重要な意義を有しています。そしてそれは、何よりも時代に対する強い危機意識からくるものでした。

こうしてドラッカーの「新しい社会」への問題意識は、つづく『産業人の未来』で「自由で機能する社会」として定式化されることとなりました。『経済人の終わり』の陰鬱な世界観を前提に、それを克服する「新しい社会」建設に向けて『産業人の未来』がより具体的な提言を行ったのです。いわゆる産業社会論に属する議論ですが、ドラッカーにおいては眼前の産業社会を望ましいもの

とする「新しい産業社会」論としてあります。「経済人の時代が終わって、産業人の時代がはじまる」という流れでみるならば、『経済人の終わり』で社会アプローチの手法としての経済学の限界と終焉が宣言され、『産業人の未来』でそれにかわるものへの必要性が強く意識されています。この時点ではドラッカー自身も、それが何かわからず模索しているところです。さしあたっての手がかりとして、企業に注目していることだけは確かです。

Ⅵ　おわりに

ドラッカー本来の学問的なフィールドは、政治学です。当初からジャーナリストとしても頻繁に筆をとっており、「社会生態学者ドラッカー」は「政治学者ドラッカー」からスタートしました。最初期の『シュタール』、『経済人の終わり』、『産業人の未来』は、ドラッカー著書群のなかでもユダヤ・キリスト教的世界観がもっとも強くあらわれたものとなっています。このうち『経済人の終わり』、『産業人の未来』はいずれも政治的社会論ながら、そのおよぶ範囲の広さとカレントな社会問題に切り込む鋭敏さは単なる政治学の枠組みを超えています。

また後の著書の展開、とりわけ前期ドラッカーにおけるものながら、前著で問題を提起して後著でそれに対する解答（回答）を提示するというつながりも、この最初期の二著からはじまっていることが確認できます。著書のトーンとしては陰鬱な『経済人の終わり』と明朗な『産業人の未来』という見事なコントラストをなしており、両著をワン・セットとみなすことで陰陽それぞれの持ち味を互いに高め合う関係にもなっています。

当初からドラッカーが『経済人の終わり』の続編として『産業人の未来』を構想していたかは定かではありませんが、それにしても作品世界として両著は絶妙なコンビというほかない組み合わせです。もとよりこれら両著がおよそ『シュタール』にみられる「社会生態学」の視点＝「継続と変革の相克」にあることは明らかです。そしてそれは、時代に対する強い危機意識に根ざすものでした。両著で成立した世界観にもとづき、こうしてドラッカーはその生涯にわたる長い文筆の航海に旅立ったのです。

※第1章のまとめ

【ドラッカー生涯のメイン・テーマとは何か？】

「自由」、「新しい社会」の実現

＝

旧来の経済至上主義社会（資本主義、社会主義）にかわる「非経済至上主義社会」

新秩序の建設を提唱（秩序論）

（『経済人の終わり』）

＝

「自由で機能する社会」（『産業人の未来』）

「自由」＝「責任ある選択」

「機能する社会」＝「社会の純粋理論」二要件が充足された社会

「社会の純粋理論」二要件：

①人間一人ひとりに社会的な地位と役割を与えること（コミュニティ実現問題）

②社会上の決定的権力が正当であること（権力正当性実現問題）

※現代社会は企業が「社会の純粋理論」二要件を充たす場であるが、充たせていない。二要件を充足し、企業を自治的なコミュニティにすることをめざす

＝

以後の著書の方向性

第2章　ドラッカー世界の進展——社会論から企業論、企業社会論へ

とりあげる主な著書

『会社の概念』（＝『企業とは何か』）（１９４６）

『新しい社会——産業秩序の解剖』（＝『新しい社会と新しい経営』）（１９５０）

ドラッカー、37歳〜41歳

背景：

　第二次世界大戦の終結、東西冷戦の開始

ドラッカーの出来事：

・アメリカ国籍を取得

・ＧＭ（ジェネラル・モーターズ）の内部調査を行う

「本書は、反ユートピアの書である。めざしているのは理想的な社会ではなく、「われわれの時代にとって生きがいのある社会」である。完全な社会、すなわち時代を超えて輝きつづける灯台のような社会を追求するよりも、これは謙虚な試みである。と同時に、より野心的な企てでもある。具体的に遂行できる効果的な政策、すなわち実現可能な政策を必要とするからである。」（*New Society*（1950）p.352. 村上恒夫訳（１９７２）『新しい社会と新しい経営』［所収は『ドラッカー全集』第２巻］、４１０頁。）

Ⅰ　はじめに

本章では、『会社の概念』（＝『企業とは何か』）（１９４６）、『新しい社会』（＝『新しい社会と新しい経営』）（１９５０）をとりあげます。

この間のドラッカーは37歳～41歳で、文筆家としては独り立ちしていた時期です。すでに実務界と盛んな交流を行うとともに、大学教授としてのキャリアもスタートさせていました。世情は第二次世界大戦が終結し、東西冷戦がはじまっています。

ドラッカーは『産業人の未来』（１９４２）で自ら望む「新しい社会」を定式化し、そのための要件を設定しました。そこから問題の所在を企業にもとめ、企業によっていかに解決をはかっていくか模索していくことになります。

おりしもアメリカを代表する大企業ＧＭ（ジェネラル・モーターズ）を内部調査する機会にめぐまれ、ドラッカーの政治的社会論は「企業による社会」論＝企業社会論へと移行していきます。「新しい社会」のために、企業をいかに位置づけ機能させるのか。その思索と解答が、『会社の概念』と『新しい社会』において提示されるのです。

Ⅱ　『会社の概念』（＝『企業とは何か』）（１９４６）

【主要もくじ】
序文／第1章　一国の資本主義／第2章　人間的営為としての会社／第3章　社会的制度としての会社／第4章　産業社会における経済政策

ＧＭを素材にした自由企業システム論

初版「序文」でのドラッカー自身によれば、本書成立の経緯は以下のごとくです。彼は１９４３年秋にジェネラル・モーターズ（ＧＭ）から調査依頼を受けました。同社の経営方針と組織について、外部コンサルタントの立場から研究し報告してほしい、期間は18か月間とする、と。このＧＭ調査があってはじめて、本書は世に出ることとなったのです。このことはまぎれもない事実です。ただしその際、注意が必要です。ＧＭを調査した成果を報告するということから、ＧＭに提出された報告書の存在が想起されます。そしてこの報告書をもとに本書は成立したということから、ＧＭに提出された報告書＝本書『会社の概念』（＝『企業とは何か』）（１９４６）として理解されがちです。けれども、この報告書と本書はあくまでも別のものです。それは本書でドラッカー自身も、「本研究の目的は、自由企業システムの諸成果・諸問題と解決のひとつの試金石として、主にジェネラル・モーターズを検証するものである」と述べていることからも明らかです。

本書はＧＭという大企業を素材に、アメリカ産業社会すなわち自由企業システムを論じたものであって、決してＧＭという単一企業にのみ注目した分析書ではありません。焦点は単なる一企業のみならず、あくまでも「社会における企業」「企業と社会」ひいては「企業による新しい社会」にあります。この点は、本書を読み解くうえでのポイントとして押さえておく必要があります。

【『企業とは何か』の内容はＧＭがメインではない】

本書は、あくまでも政治学的アプローチによる社会論の書

ＧＭの内部調査にもとづいているが、それがすべてではない

↓

焦点はＧＭという一企業ではなく、「社会における企業」「企業と社会」ひいては「企業による新しい社会」

もとより本書が、「企業」というものに真正面からとり組んだ研究であることは間違いありません。ここでは「企業」をあらわす用語として、corporation すなわち「会社」が使われています。

なぜcorporationなのかについて、ドラッカーは次のように述べています。アメリカ自由企業システムのもとで組織されたビッグ・ビジネス（巨大企業）を社会的・経済的制度として描き出す用語について、適当なものがなかった。一般的なものとして、corporationをやむなく使用したのだ、と。バーリ＝ミーンズの『近代株式会社と私有財産』（1932）に言及していることもあり、同書をかなり意識していることがみてとれます。

問題提起の素描のような著作

初版「序文」では、次のようにいっています。ある若者が中国に関する最終決定版の本を書いていて、ほとんど完成したようなものだったが、細部にとらわれてまごまごしているうちに老人となってしまった。その本はいまだに完成していない、と。この若者の話を引き合いにして、ドラッカーは完璧な出来ではないにせよ、形にして刊行しなければ、いつまで経っても本にならないといいます。

本書『会社の概念』（＝『企業とは何か』）（1946）も野心的なテーマをかかげながら、実際はそれに見合うだけの内容を有していない。素描にすぎない本書をあえて刊行するのも、かの若者の二の轍をふまないためである。産業社会の根本を論じるのは急を要する問題だからであり、それに対する解答とはいわぬまでも問題を提起できることを本書は望んでいる。産業社会の諸問題について経済学とは異なったアプローチ、すなわち「社会的・政治的アプローチ」でやってみたいという考えは、前々からあった。これができたのも、ＧＭから調査依頼があったおかげである、としています。

このように、ご丁寧なことにドラッカー本人も、本書の完成度が決して高くないことを認めて、あらかじめ断りを入れています。とりわけこの言及は、本書『会社の概念』と次著『新しい社会』（＝『新しい社会と新しい経営』）（１９５０）の関係をとらえるうえで注意すべきポイントです。

まず本書は、アメリカ産業社会を自由企業システムとして機能させる道筋をつけるためのものであると言明されます。そこでとられるのが「社会的・政治的アプローチ」、すなわち伝統的な政治学の問題を当てはめて会社を「社会的制度」とし、それを社会的・政治的に分析するものです。具体的な分析対象は、アメリカそしてそれを代表する巨大企業ＧＭです。当時いわれたソ連の「一国の社会主義」を強く意識し、それとは異なる戦後世界のあり方のモデルとしてアメリカの「一国の資本主義」を論じていくのです。こうして「第2章　人間的営為としての会社」、「第3章　社会的制度としての会社」が、その具体的な分析内容となっています。

「第2章　人間的営為としての会社」では、会社の本質は人間的営為を有効化する組織として存続することにあるとし、そのための有効な手段としてＧＭにみられる分権制をあげています。「第3章　社会的制度としての会社」では、アメリカ社会の根本的な信念を実現すべく、大会社がその役割を担うべきことが主張されています。ここにいうアメリカ社会の根本的な信念とは、「産業市民権」すなわち働く一人ひとりに機会均等および地位と役割をもたせることであり、具体的には特殊アメリカ的な「職長」という「産業中間階級」に産業市民権獲得のチャンスを与えるべきとされます。

そして結論として、アメリカ産業社会がとるべき経済政策、すなわち自由企業システムを機能させる経済政策が述べられます。ここでは「社会における会社」および「会社それじたい」という二面性を解消するために、次の3つのポイントがあげられています。①会社独自の方針と社会の安定性の関係、②「用益のための生産」と「利益のための生産」の関係、③自由企業システムは雇用問題を解決できるか。こうしてこれら3つはいずれも、矛盾するものでも実行不可能なものでもないとして、ドラッカーは本書をむすんでいます。

一著書としてみると、「序文」でドラッカー自身認めているように、お世辞にも内容的な完成度が高いとはいえません。問題意識と論点、全体的な展開、そして結論にいたるまで、かなり荒削りな内容となっており、とくに最後の結論は読み手に散漫な印象を与えます。前著『産業人の未来』(1942)までの完成度が高いだけに、この出来ばえではやはりせいぜい素描程度としかいいようがありません。実に本書で提示された基本的な問題意識と枠組みは、前期ドラッカー社会論の総決算・集大成たる次著『新しい社会』(=『新しい社会と新しい経営』)(1950)へ引き継がれて大きく結実したといったところです。

分権制提唱の書

本書の問題意識は、あくまでもアメリカ産業社会の政治的・経済的な方向性として自由企業システムのあり方を論じることにあります。「新しい社会」実現に向けた構想の一環なのです。初版にもとづいてみるかぎり、企業を分析対象とした本書では政治学的な立場が打ち出されています。事実、ＧＭそのものに対する直接的な分析は、「第２章　人間的営為としての会社」全５節のうち、「２．分権制」から「４．小さなビジネス・パートナー」までにすぎません。本編２９０頁のうち、せいぜい71頁ほどでひいき目にみても四分の一程度です。やはりあくまでもＧＭという一企業を素材に、「新しい社会」としての「企業による新しい社会」を論じた政治的社会論であることが改めて確認されるのです。またバーナムの「経営者支配論」に言及し、それとの違いを強調している点も見逃せません。

本書は、経営学における分権制提唱の書として知られます。実に本書でドラッカーは、分権制をアメリカ産業全般にまで適用可能な「新しい産業秩序原理」とまで評し、きわめて高い期待を寄せています。しかしそれも、前著『産業人の未来』（１９４２）でかかげられた「工場企業体の自治的コミュニティ化」を推進するものだったからにほかなりません。決して経営学固有の視点から、提唱されたものではないのです。

以上について改めてポイントを確認しておけば、本書はアメリカ産業社会の方向性として自由企業システムのあり方を論じるものであり、社会的・政治的アプローチとりわけ基本的にはあくまでも政治学的な立場にあります。「会社」＝「企業」に真正面からとり組んではいますが、本書は決して企業経営やビジネスの書ではありません。これは間違いないです。『経済人の終わり』（1939）以来のメイン・テーマ「新しい社会」実現に向けた作業として、これは一貫しているものです。

そのなかで、新たに企業を社会的制度とみなし、また企業を生き生きとした人間的な組織とすべく分権制を提唱したのが本書にほかならなかったのです。いわばそれは「企業による新しい社会」への構想でした。大きく有意義な試みではあるものの、完成度や全体的な出来ばえでみて、素描の域を超えるものではありませんでした。

【前にいったことと違うことをいうドラッカー】

『会社の概念』（＝『企業とは何か』）The New American Library 版（1964）の「エピローグ（1964）」で、ドラッカー自身も「『会社の概念』は、いうまでもなく〝ビジネス書〟ではなかった」（p.246・岩根訳（1966）358頁）と認めています（この点は、すでに磯（2011）81頁が指摘しています）。

しかし『イノベーションと企業家精神』（1985）では、「私の最初のマネジメント書である『会社の概念』と『マネジメントの実践』は、ひとつの知識体系すなわち学問(discipline)

としてマネジメントをまとめ提示しようとした最初の試みだった」(Drucker (1985)p.15, 小林監訳（1985）25頁）と述べています。

同様のことは、スローン『GMとともに』のペーパーバック版（1990）に寄せた序文でもみられます。マネジメントを非営利もふくめた総合的な概念としてとらえるにせよ、本書でのわれわれの考察からすれば、以上のように『会社の概念』（＝『企業とは何か』）をマネジメント書とするドラッカーの言葉には賛成できません。

このようにドラッカーには、初版での自身の意図を後づけで違ったものに変更してしまう傾向が認められます。したがって彼の著書を読むにあたっては、この点を十分に注意する必要があります。

Ⅲ　『新しい社会――産業秩序の解剖』（＝『新しい社会と新しい経営』）（1950）

【主要もくじ】
イントロダクション　産業上の世界革命／第1部　産業企業体／第2部　産業秩序の諸問題：経済的な衝突／第3部　産業秩序の諸問題：経営者と労働組合／第4部　産業秩序の諸問題：

工場コミュニティ／第5部　産業秩序の諸問題：　経営者の機能／第6部　産業秩序の諸原理：プロレタリアをなくせ／第7部　産業秩序の諸原理：連邦制経営組織／第8部　産業秩序の諸原理：　工場コミュニティの自治／第9部　産業秩序の諸原理：　市民としての労働組合／結論　自由な産業社会

本書は、それまでのドラッカーの総決算・集大成にあたるものです。『経済人の終わり』（1939）での問題意識を受けて、『産業人の未来』（1942）ではより具体的な理論的フレームワークが提示されました。「新しい社会」たる「非経済至上主義社会」の具体的形態＝「自由で機能する社会」を実現すべく、「社会の純粋理論」二要件を充足させることです。そしてそのために、企業体を自己統治によるコミュニティへと発展させることが主張されたのでした。『会社の概念』（＝『企業とは何か』）（1946）における企業の社会制度的把握というアプローチを経て、この企業をコミュニティ化する考察は発展し、本書『新しい社会』（＝『新しい社会と新しい経営』）（1950）で大きく結実したのです。

これまでの集大成にして、「新しい社会」実現への提言の書

原タイトル『新しい社会——産業秩序の解剖』が示すように、最大の焦点は経営ではなくあくまでも社会にあります。今日一般的な邦訳書名『新しい社会と新しい経営』は経営に焦点を合わせた書のような印象を与えますが、ドラッカー本来の意図からはピントがズレているといわざるをえません。この原タイトルからも明らかなように、本書は『経済人の終わり』以来の問題意識に対してドラッカーが渾身の力をふるって出した解答であり、またそれまで行ってきた自らの考察に対する総決算・集大成でもありました。「新しい社会」＝「自由で機能する社会」の実現に向けた具体的な提言の書なのです。「マネジメント」誕生前のドラッカーにおいてきわめて重要な書です。

本書は「イントロダクション」、本論9部38章に「結論」をくわえて352頁からなる大著であり、それまでの彼の著書のなかでは最大のボリュームとなっています。本書にかけるドラッカーの意気込みが並々ならぬものであることは明らかです。

『新しい社会』の構成

本論では「第1部　産業企業体」を手はじめに、残り8部が前半「産業秩序の諸問題」と後半「産業秩序の諸原理」で均等に4部ずつ割り振られ、「結論　自由な産業社会」で締めくくられています。一見して明らかなように、産業社会を「新しい社会」とすべく、企業をその中心の場として考察がすすめられています。そしてそこでの主たる対象は労使をめぐる問題であり、それを「産業秩序」をキー概念としてくくっています。

『経済人の終わり』（1939）以来、ドラッカーは人間・社会が人間・社会であるために必要なのは「秩序」であるとし、旧来にかわる新しい「秩序」の建設を強く訴えていました。まさに本書はそれを具体的に建設しようとするものです。新しい「秩序」の建設によって、社会の一体性とそのコミュニティを確保しようとするのです。

本書では、次のように指摘します。大量生産体制によって登場した大企業は、新たな社会的・人間的な関係を形成する場となった。この大企業すなわち「産業企業体」は「所有と経営の分離」からすでに自律的な制度と化し、かつてない強大な権力を有するにいたったがゆえに、自由社会を脅かす危うさをも有している。このような危機に直面して、「新しい社会」すなわち「自由で機能する産業社会」を実現すべく、ドラッカーは新たな原理の確立を企図するのです。

まず前半で「産業秩序の諸問題」が明らかにされ、それをふまえて後半で「産業秩序の諸原理」が提示されます。前半の「産業秩序の諸問題」では、労使間の問題がとりあげられています。両者の軋轢の真因、労働組合および経営陣それぞれの本質と機能、今後の方向性が述べられます。そしてここで注目されるのが、第三の勢力として両者の媒介領域となりうる「工場コミュニティ」の存在です。自然発生的な工場コミュニティを有効に組織することに、新しい産業社会の方向性が見出されるのです。

後半の「産業秩序の諸原理」では、新しい産業社会実現のための具体的な方策が提示されています。プロレタリアという存在そのものを絶滅する方法、大規模企業体を有効に組織する分権制組織形態（本書では、「連邦制経営組織」とよんでいます）、さらに企業問題解決のカギを握る工場コミュニティを自治化するための視点、組合主義のあり方などが論じられます。

こうして最後にドラッカーのいう「新しい社会」とは、資本主義と社会主義を超克した「自由な産業社会」であるとされます。それは「理想的な社会」ではなく、実行可能な「生きがいのある社会」である。自主的な企業と自主的な工場コミュニティを軸に、そこに国家や市民一人ひとりがそれぞれ有効にかかわっていく社会なのだとして、きわめて力強くまとめられています。

「産業企業体」という概念

本書では企業とりわけ大企業が考察の中心舞台となっていますが、まず特徴的なのはその企業が新たな概念「産業企業体」(industrial enterprise) として把握されていることです。この点に関してドラッカー自身も断ってはいるものの、新しい産業社会のなかにあって企業はあくまでもその生産的側面のみからとらえられることになります。

また当時のテクノロジー水準たる大量生産体制を、単なる「機械化の原理」のみならず「社会化の原理」とする視点、すなわち技術決定論的視点が打ち出されていることがあります。これまでのドラッカーにはなかった視点であり、後の「知識」概念に少なからず継承されていく部分として大きく注目されます。「産業秩序の諸問題」としては、従来の労使問題を中心に労働組合と経営陣（management）[3]の機能が述べられ、そこにおける新たな第三の勢力として「工場コミュニティ」が提示されます。

こうした前半を受けて後半「産業秩序の諸原理」としては、労使問題をめぐる解決策がプロレタリアをなくすこと、連邦制経営組織および工場コミュニティの自治の実現、労働組合を市民として規律づけること、として提唱されます。全体の構成は「産業秩序」というコンセプトのもとで明確ではありますが、実際の叙述内容はあまりに饒舌すぎて逆に冗長なものとなっています。その他、「第5部　産業秩序の諸問題：経営者の機能」など、そのまま『マネジメントの実践』（＝『現代の経営』）（1954）へと結実する記述もみられます。

本書『新しい社会』（＝『新しい社会と新しい経営』）（1950）で提示されたのは、『経済人の終わり』（1939）以来のドラッカー渾身の「新しい社会」の具体像です。彼がめざす「良い社会」とは完璧なユートピアなどではなく、あくまでも謙虚に実現しうる社会とされます。そしてここにおいて、『産業人の未来』（1942）での問題意識に対する解答が示されるところとなりました。

「自由で機能する社会」を実現すべく、「社会の純粋理論」二要件（①人間一人ひとりに社会的な地位と役割を与えること（コミュニティ実現問題）、②社会上の決定的権力が正当であること

（権力正当性実現問題））を充足しなければならない。そこで企業体を自治によるコミュニティへ発展させる必要があるとの問題意識に答えるためだけに、本書は存在するといってよい内容です。

すなわち本書でドラッカーは企業を「産業企業体」とし、自律的な「社会制度」と位置づけます。「所有と経営の分離」により、企業はもはや特定個人のものではなくなり、社会と個人をとりむすぶ制度と化したのである、と。つまり企業は社会において決定的制度・代表的制度・基本的制度、すなわち社会に決定的な影響力をおよぼし、またその社会を象徴ないしは代表し、社会を構成する基本的な単位となったとします。

そして企業はあくまでも社会的な制度であるところから、そこに生じる「利益」といわれるものは「利益」ではないとします。社会発展に不可欠の制度＝企業が将来にわたって存続するために必要な費用（未来費用）である、と。このようにドラッカーは、利益が存在しないとする「利益否定論」を主張するのです。

所有と経営の分離

ここでポイントとなるのが「所有と経営の分離」のあつかいです。『産業人の未来』（１９４２）での二要件設定時には、②「社会上の決定的権力が正当であること」を充たさない原因とされたものが、ひるがえって企業の社会的な制度化をもたらす要因として本書では積極的に評価されるのです。解釈としてはこれまでと真逆の評価であり、１８０度の転換です。次のようにまとめられます。

【社会的制度としての企業】

「所有と経営の分離」により、企業はもはや特定個人のものではなく、社会的な制度となった

●社会的制度としての企業が有する３つの側面

決定的制度：　社会に決定的な影響力をおよぼす制度

代表的制度：　社会を象徴ないしは代表する制度

基本的制度：　社会を構成する基本的な制度

●社会的制度としての企業が果たすべき３つの機能

経済的機能：　財貨を生産する機能

政治的機能：　国家のように、従業員を統治する機能

社会的機能：　従業員の社会的な場を提供する機能

※企業はあくまでも社会的な制度である以上、企業に生じる利益といわれるものは利益では

ない

社会発展に不可欠の制度＝企業が将来にわたって存続するために必要な費用（未来費用）
↑
＝利益否定論

そして社会的制度としての企業が果たすべき機能として、ドラッカーは経済的機能・政治的機能・社会的機能をあげます。政治的機能・社会的機能とは、まさしく「社会の純粋理論」二要件を充足すべくそのまま組み込んだものにほかなりません。政治的機能は要件②権力正当性実現問題そのものであり、社会的機能は要件①コミュニティ実現問題そのものだからです。しかし国家のように従業員を統治するという意味での政治的機能は、従業員の統治そのものが目的ではないため、経営権力は正当なものとはいえない。ただし企業が社会的な期待にこたえる制度になったということをもって、ドラッカーは必ずしも非正当ともいえないとします。

また社会的機能については、労働者に地位と役割を与える場として、ドラッカーは工場コミュニティに大きな期待を寄せます。そこにおいて「経営者的態度」(managerial attitude)をもって労働者は責任ある参加を果たし、また彼らの活躍によってさらには工場コミュニティの自治が実現されるのだ、と。

つまり二要件問題に対する本書でのドラッカーの解答は、企業制度がその充足の場でありながらも、やはりそれではおさまりきらない部分があることを自ら認めるものでありました。そこで企業を社会的な制度としながらも、こうした枠組みにおさまりきらない部分をいかにおさまりつけていくかが問題となります。すなわち真の意味で企業を社会的に制度化していくことがめざされるのです。

その意味で、彼の制度論は制度化論でもありました。二要件問題としてみれば、①コミュニティ実現問題はコミュニティ実現化問題、②権力正当性実現問題は権力正当性実現化問題へと進化することになります。すなわち①「人間一人ひとりに社会的な地位と役割を与えること」は「人間一人ひとりが、社会的な地位と役割を自ら獲得すること」へ、②「社会上の決定的権力が正当であること」は「社会上の決定的権力を正当なものにしていくこと」へと進化するのです。

このように実現に向けて自ら行為していく自主的アプローチは、後のマネジメント論で大きく開花するところでもあります。さしあたり、このような企業の社会的制度化への期待をもって、ドラッカーにおいて二要件問題は一応の区切りがつけられたのでした。

かくして、ここにドラッカーの「新しい社会」構想は、その姿をあらわしたのでした。そこにはまったく問題がないわけではないですが、これからめざされる「新しい秩序」の建設をもって、一応の体をなしたといえるでしょう。『経済人の終わり』（１９３９）にはじまる「非経済至上主義社会」＝「新しい社会」の希求は、『産業人の未来』（１９４２）で「新しい産業社会」論すなわち「自由で機能する社会」論として「社会の純粋理論」二要件に定式化され、本書『新しい社会』

（＝『新しい社会と新しい経営』）（１９５０）で「新しい社会」論として企業制度論と工場コミュニティ論という形で大きくまとめられたのです。

このように初期社会論４冊において、「非経済至上主義社会」の実現＝「新しい社会」論はドラッカー思想の基盤として確実に設定されました。そして、これを母胎として新しい「マネジメント」が誕生するのです。

【「社会の純粋理論」二要件問題の進化】

①人間一人ひとりに社会的な地位と役割を与えること（コミュニティ実現問題）

←

「人間一人ひとりが、社会的な地位と役割を自ら獲得すること」コミュニティ実現化問題

②社会上の決定的権力が正当であること（権力正当性実現問題）

←

「社会上の決定的権力を正当なものにしていくこと」（権力正当性実現化問題）

※『企業とは何か』の制度論（制度的アプローチ）が、制度化論として自主的アプローチをとるようになったといえる

Ⅳ　整理と検討：　企業による「新しい社会」

マネジメント論へとつらなる試み

理論の起点たる『産業人の未来』（1942）で、「新しい社会」実現への枠組みが設定されました。それは「社会の純粋理論」二要件の充足に象徴されるように、「工場企業体を自らの「責任ある選択」によるコミュニティとしていく」とするものでした。まさしく『会社の概念』（＝『企業とは何か』）（1946）は、この枠組みに荒削りながらもこたえようとした試みにほかならなかったのです。

その大きな柱のひとつが、社会制度的企業観の提示です。これは、その後のドラッカーの企業観ならびにマネジメントのあり方を規定する枠組みそのものとなりました。もうひとつの大きな柱たる分権制は、自主責任にもとづくアイディアです。それは組織内における行為主体それぞれの自律性を可能とし、ひいてはドラッカー生涯のメイン・テーマ「責任ある選択」＝「自由」実現につらなるものにほかなりません。もとより分権制じたいも、マネジメントの基本的な発想および手法として後々登場しつづけていったものです。

また大企業が担うべきアメリカ社会の根本的信念すなわち「産業市民権」とは、まさに『産業人の未来』（1942）での「社会の純粋理論」要件①「人間一人ひとりに社会的な地位と役割を与えること」（コミュニティ実現問題）です。ここにおいて「工場コミュニティ」も登場し、次著『新しい社会』（＝『新しい社会と新しい経営』）（1950）へとつながっていきます。特殊アメリカ的な「産業中間階級」も、同書での「新しい（産業）中間階級」を経て、後には「知識労働者」概念へとつながっていくものです。

このように『会社の概念』は、前著『産業人の未来』の枠組みをもとに、後のマネジメント論にみられる重要なものが多くふくまれています。もとよりそれらが開花するのは、つづく『新しい社会』での洗練を経てからのことです。主要論点や全体的なムードからいっても、両著は親近性がきわめて高いです。むしろ両著はふたつでワン・セットとみるべきです。

ただしそれは、『経済人の終わり』（1939）と『産業人の未来』でみられたような「問題意識の提示とそれに対する解答（回答）」という関係ではありません。『会社の概念』は『新しい社会』へいたる途中経過、あるいは同書の習作にすぎないといった方が適切でしょう。明らかに完成度では雲泥の差があります。『会社の概念』がラフな素描なのに対し、『新しい社会』はそれまでのドラッカーの総決算・集大成といえる内容です。彼の全著書のなかでも、屈指の充実度と完成度をほこっています。

したがって、こうした同書との関連を重視することなく、『会社の概念』のみをとりあげても片手落ちでしかありません。『会社の概念』は、あくまでも『新しい社会』の下書きや習作です。両著の相即的な関係は、「習作と完成稿」あるいは「下書きと清書」なのです。前期ドラッカー社会論の総決算・集大成たる『新しい社会』こそ、『会社の概念』よりも焦点をあてられるべき主著のひとつといえます。

【なぜか評価されない『新しい社会と新しい経営』】

『新しい社会』（＝『新しい社会と新しい経営』）（１９５０）の邦訳は、実に50年以上、再版も新訳出版もまったくなされていません。前期ドラッカーの総決算・集大成にして、全著書のなかでも代表作のひとつである本書が、なぜ他の著書同様に広く邦訳出版されないのでしょうか。そもそも本書の習作や下書きにすぎない『会社の概念』（＝『企業とは何か』）（１９４６）の方が評価されるというのは、どういうことなのでしょうか。

たしかにドラッカー自身は、本書『新しい社会』を重要な自著6冊にあげていません。とはいえ、彼の思想を論じるうえで看過できない重要な書であることは間違いありません。日本でのさらなるドラッカー研究の進展をのぞむのであれば、それ相応のあつかいがあって然るべきと思われます。ここに日本の現在におけるドラッカー研究の歪みを感じるのは、筆者だけでしょうか。

【なぜか評価される『企業とは何か』】

ドラッカーは、『会社の概念』（＝『企業とは何か』）（１９４６）を重要な自著６冊のうちのひとつにあげています。分権制をはじめて提唱した書として、一般的にも高く評価されています。

しかしわれわれが考察してきたように、本書の内容的な充実度と完成度は決して高くありません。実際、ドラッカー受容初期の人たちの多くも、本書よりも次著『新しい社会』（＝『新しい社会と新しい経営』）（１９５０）を重要書と位置づけています。

筆者としては、単に『会社の概念』と『新しい社会』を読み比べてみればわかるだけの気がします。ぜひ実際に両著を読み比べてみてください。

秩序論としての諸論点

なお『経済人の終わり』（１９３９）以来のキー・ワードは、「秩序」でした。『会社の概念』（１９４６）では目立つほどではないですが「産業秩序」も登場するものの、むしろ「信念」「約束」がキー・ワードとして多用されています。それが『新しい社会』（１９５０）で明確に「産業秩序」となりました。実に当初のドラッカーすなわち「政治学者ドラッカー」の考察は、「秩序論」にあったといえます。新しい秩序の定立に向けて「新しい支配階級」を軸とする諸論点が言及されていく展開です。

それら諸論点、すなわち経営（＝マネジメント）や、組合ならびに組合指導者をふくむ労働者一般、工場コミュニティ、新しい産業中間階級などの概念と考察すべてがそもそも『会社の概念』初出であり、『新しい社会』で具体的な内容をもって本格的に展開されたのです。こと経営（＝マネジメント）についていえば、「経営者的態度」に典型的にみられるように、次著『マネジメントの実践』（＝『現代の経営』）（１９５４）につらなる認識への発展が認められます。『会社の概念』では「企業」概念とほぼ同視されていたにすぎなかった経営（＝マネジメント）概念が、「新しい社会」＝「自由で機能する社会」実現のためのポイントとして注目されるにいたっているのです。

「企業による新しい社会」論の確立

こうして後著『新しい社会』（１９５０）で強くなった視点として指摘できるのは、次のことです。何よりも産業社会への認識が十分に熟成されており、産業社会論としてきわめて完成度の高いものとなっていることです。産業社会の本質をテクノロジーの発展にもとめ、そこから人間一人ひとりと組織、社会の展開が説きおよばれます。「企業」概念の変更も、この点に起因するものといえるでしょう。ここに大企業がテクノロジー発展の主体と位置づけられ、経済的・政治的・

社会的な三機能を果たす制度として社会発展の軸と規定されるのです。『会社の概念』での「社会制度的企業観」が、まさに「社会制度的企業論」へと大きく精緻化・体系化されたのです。経営学としてみれば、企業を社会的制度として分析の中心とする点で、まさにアメリカ制度学派のアプローチそのものです。ヴェブレン、バーリ＝ミーンズ、バーナムらと形式的には同じ範疇に属しますが、しかし彼らの手法をそのまま継承しているわけではありません。「所有と経営の分離」の解釈上の転換など、むしろ逆説的とさえいいうる部分もあります。

【アメリカ制度学派（制度学派）】

本来はアメリカ特有の経済学の流れですが、日本ではアメリカ経営学の一学派としてとらえられることもあります。大量生産体制の確立と株式会社の一般的普及によって、巨大企業が登場した時代を反映して、企業を制度ととらえることを特徴とします。明確な学派を形成しているわけではないものの、一般にヴェブレン、コモンズにはじまり、バーリ＝ミーンズ、バーナム、戦後にガルブレイスやドラッカーが位置づけられています。

以上を総じて『会社の概念』での「社会における企業」の視点は、『新しい社会』で「企業による新しい社会」の視点へと熟成されて結実したということが確認できるのです。

V　おわりに

『会社の概念』（＝『企業とは何か』）（１９４６）と『新しい社会』（＝『新しい社会と新しい経営』）（１９５０）の相即的な関係は、あくまでも「習作と完成稿」あるいは「下書きと清書」です。『産業人の未来』（１９４２）での戦後社会構想というテーマを起点として、両著は刊行されました。確かにこの「戦後社会構想」という点で軌を一にしつつも、執筆時期の違いがそのまま両著の焦点の違いとなってあらわれています。『新しい社会』では、対共産主義の意識が色濃くあらわれています。もとより未踏の大企業研究たる『会社の概念』の成果をたたき台に、『新しい社会』は日の目を見ることになりました。

「迫りくる自由への新たな脅威にいかに立ち向かうべきか」という想いが当時のドラッカーをして、緊急の執筆に駆り立てていたことは明らかです。とりわけこれこそ、素描にすぎない『会社の概念』があえて刊行された理由にほかなりません。

ともあれ、『新しい社会』において、それまでの「新しい社会」論は産業社会論として一応の完成をみました。眼前の産業社会を「自由で機能する社会」とする「新しい産業社会」論であり、とりわけ「企業による社会」すなわち企業社会論としてまとめあげられたのです。展開としては、社会論から企業論を経て、企業社会論へいたったということができます。いまだ「政治学者ドラッカー」として「秩序論」の範疇にあるものの、ここに「経営学者ドラッカー」としての「新しいマネジメント」誕生の下地はできあがったのです。

※第2章のまとめ

【社会における企業とは何か？】

「社会の純粋理論」二要件を充たし、企業を自治的なコミュニティにすべく、ドラッカーは企業を社会にいかに位置づけるかを模索する

↓

企業を自律的な社会制度と位置づけるアプローチ（制度的アプローチ（制度論））の試み：『会社の概念』（＝『企業とは何か』）

GMが採用していた分権制は、下位部門にできるだけ自主裁量（責任ある選択）させる手法であり、「新しい社会」の新秩序（産業秩序）となりうる。

↓

企業を自律的な社会制度と位置づけるアプローチ（制度的アプローチ（制度論））の完成：『新しい社会』

社会における企業は、決定的制度・代表的制度・基本的な制度。社会制度であるがゆえに企業

があげる利益は社会存続に必要な費用（利益否定論）

社会制度たる企業は経済的機能・政治的機能・社会的機能を果たし、二要件を充たしうる存在。

従業員一人ひとりの「経営者的態度」による工場コミュニティの自治化に期待

二要件問題は、①コミュニティ実現問題がコミュニティ実現化問題へ、

②権力正当性実現問題が権力正当性実現化問題へと進化

制度的アプローチ（制度論）から自主的アプローチ（制度化論）への進化

※最終的に「新しい社会」を「企業による社会」（企業社会論：新しい産業社会論）として提示

第3章　ドラッカー世界の転換——企業論からマネジメント論へ

とりあげる主な著書

『マネジメントの実践』（＝『現代の経営』）（１９５４）
『成果をめざす経営——経済的課題とリスクをとる意思決定』（＝『創造する経営者』）（１９６４）
『有能なエグゼクティブ』（＝『経営者の条件』）（１９６６）
『明日への道標』（＝『変貌する産業社会』）（１９５７）
『明日のための思想』（１９５９）

ドラッカー、45歳～57歳

背景：
- 冷戦のグローバル化と展開
- 日本は高度経済成長期に。

ドラッカーの出来事：
- 『マネジメントの実践』（＝『現代の経営』）の出版と流布。
- 初来日を果たす。ドラッカー・ブームが巻き起こり、後に日本政府より受勲（勲三等瑞宝章）。

「事業（ビジネス）とは何かを知るためには、事業の「目的」からはじめなければならない。そして目的は事業の外部にある。実際、企業は社会の一機関であるため、事業の目的は社会にある。事業の目的に関する妥当な定義はただひとつ、「顧客を創造すること」である。

市場は、神や自然や経済的な力によって創造されるのではない。企業家によって創造される。」

（*The Practice of Management*（1954）p.37. 上田惇生訳（１９９６）『現代の経営』上巻48頁。）

Ⅰ　はじめに

本章では、『マネジメントの実践』（＝『現代の経営』）（１９５４）から『有能なエグゼクティブ』（＝『経営者の条件』）（１９６６）までをとりあげます。この間のドラッカーは45歳～57歳で、一躍「経営学者ドラッカー」と認知されるようになった時期です。日本ではドラッカー・ブームが巻き起こり、１９５９年には初来日も果たしています。[4] 世情は冷戦がグローバル化し、東西陣営の対立が先鋭化するなどの進展をみせていました。


【ドラッカー・ブームは三度あった】

日本のドラッカー・ブームすべてをリアル・タイムでみてきた三戸公は、ブームは現在までに以下のように3回あったと整理しています（三戸［２０１１］３－５頁）。


一度目は、『マネジメントの実践』が『現代の経営』の名で初邦訳された１９５６年以降。

二度目は、『断絶の時代』初邦訳の１９６９年以降。

三度目は、『もし高校野球の女子マネージャーがドラッカーの《マネジメント》を読んだら』（略称『もしドラ』）がベストセラーとなった２０１０年以降。

一度目のブームは「経営学者ドラッカー」、二度目のブームは先行きの不透明な時代の趨勢を読み解く「未来予見者ドラッカー」、三度目のブームは没後の世評でやや神格化された感のある「知の巨人ドラッカー」といったところでしょうか。

『新しい社会』(=『新しい社会と新しい経営』)(1950)において、ドラッカーの「新しい社会」論は「新しい産業社会」論として一応の完成をみました。「企業による社会」すなわち企業社会論として、まとめあげられたのです。つづいてドラッカーは、これまでとはまったく毛色が異なる、しかも画期的な著書を刊行することになります。それこそが、『マネジメントの実践』(1954)でした。彼は1940年代からGMをはじめとして、実務界と頻繁に交流するようになっていましたが、そうした経験をもとに著わされたのが同書にほかなりません。こうして「経営学者」となったドラッカーは、従来からの社会論のみならずマネジメント論の著書も刊行していくようになります。

この時期でマネジメント論にあたるのは、『マネジメントの実践』、『成果をめざす経営——経済的課題とリスクをとる意思決定』(=『創造する経営者』)(1964)、『有能なエグゼクティブ』(=『経営者の条件』)(1966)です。また社会論にあたるのは、主なものとして『明日への道標』(=『変貌する産業社会』)(1957)、『明日のための思想』(1959)です。以上から本章では、便宜的に著書をマネジメント論と社会論にわけて考察をすすめていくことにします。

また、この時期で特筆すべきは「マネジメント」の誕生にくわえて、ドラッカー自身のこれまでの世界観や方法論が大きく揺らぎはじめたことがあります。『断絶の時代』（１９６９）からの後期ドラッカーにいたるなかでとらえると、ドラッカー世界の転換期にあたります。ひるがえってみれば、本章の焦点は「マネジメント」の誕生と、それを受けたドラッカーにおける内省となります。

Ⅱ　マネジメント論

１『マネジメントの実践』（＝『現代の経営』）（１９５４）

【主要もくじ】
序文／イントロダクション：　マネジメントの本質／第１部　事業をマネジメントする／第２部　経営管理者をマネジメントする／第３部　マネジメントの組織構造／第４部　働き手と仕事のマネジメント／第５部　経営管理者であることの意味／結論：　マネジメントの責任

本書は、「マネジメント」誕生の書として知られます。１９４０年代からドラッカーは経営コンサルタント的なことをはじめていましたが、本書執筆の直接的なベースはジェネラル・エレクトリック（GE）を舞台とした経験のようです。またシュムペーターに大きく依拠していることが明言されています。

構成は「序文」にはじまり、「イントロダクション」3章と本論5部26章に「結論」をくわえて、全29章392頁からなります。イントロでそもそも「マネジメントとは何か」というマネジメントの本質を規定することにはじまり、本論においては事業をマネジメントすること、経営管理者(manager)をマネジメントすること、マネジメントの組織構造、働き手と仕事をマネジメントすること、経営管理者であることの意味を論じ、結論においてマネジメントの責任を説いています。

本書でのドラッカーによれば、マネジメントとは「制度」です。産業社会における際立ってリーダー的な、社会そして文明における基本的かつ支配的な制度です。それは、現代社会の信念のあらわれということでもあります。経済発展の責任を託されたマネジメントは、現代に不可欠の制度にほかなりません。しかしながら、社会の基本的な制度のなかでマネジメントほど、無理解のうちにあったものもありません。それは事業体に特有の制度であり、基本的な定義は何よりもまず経済的な制度であるということです。そして経済的な成果をあげるためには、組織を生産的・有機的なものにする、つまり意思決定層および従業員全般にわたる人的資源の有効活用をはからねばなりません。

こうしてドラッカーは、「マネジメントとは何か」に対する解答として、①事業をマネジメントすること、②経営管理者をマネジメントすること、③働き手と仕事をマネジメントすること、の三機能を同時に行う多目的な制度と述べます。これらのいずれかが欠ければそれはもはやマネジメントではないのであって、マネジメントとはあくまでもこれらの総合であることを強調するのです。

事業のマネジメント

【『現代の経営』における「マネジメント」の概念】

制度。機関。産業社会における際立ってリーダー的な、社会そして文明における基本的かつ支配的な制度。現代社会の信念のあらわれ。その他。

事業体に特有の制度：
①事業をマネジメントすること、②経営管理者をマネジメントすること
③働き手と仕事をマネジメントすること、の三機能を同時に行う多目的な制度

ここにいう①「事業をマネジメントすること」とは、何でしょうか。そもそも企業とは人が創造し、人がマネジメントするものです。そして企業が社会の一制度である以上、その目的は企業の外部すなわち社会にあります。とすれば事業の目的はただひとつ、「顧客を創造すること」です。市場は人間以外の者によってではなく、あくまでも人間すなわち企業家の手によって創造されます。それは、マーケティングとイノベーションというふたつの機能によって行われます。マーケ

ティングは顧客の観点からみた全事業にほかならず、イノベーションはより優れた財貨を創造し、経済を変革・創造します。つまり事業をマネジメントすることとは、このふたつの機能によって、顧客を創造する活動なのです。利益とはこれらの活動を評価するための尺度であり、また企業が存続するための費用です。未来のリスクをまかなって富を創出するために、必要最低限の利益をあげることが不可欠となるのです。

事業は目標を設定して行わねばなりません。事業をマネジメントすることとは、「目標によるマネジメント」です。ここにおいてドラッカーは「われわれの事業は何か」という自問自答によって、定期的に自らの事業を定義・設定しつづけることが重要であるといいます。そのために「われわれの顧客はだれか」「顧客は何を買うか」「買う時にもとめているものは何か」を問い、さらには「われわれの事業は将来何になるか」「われわれは正しい事業にいるか、この事業を変えるべきか」を問い、徹底的に検討しておかねばなりません。こうした定義にもとづく具体的な目標と、事業上の多様なニーズをバランスさせることこそが、事業をマネジメントすることなのだとします。

【事業（business）とは何か?】

端的にまとめれば、「事業の目的は顧客の創造であり、そのために必要な機能はマーケティングとイノベーションである」となります。「顧客の創造」は数あるドラッカーの名言のうち、もっとも印象的なもののひとつです。ただしフォードからの強い影響が認められ、ドラッカーの完全なオリジナルというわけではないことには気をつける必要があります。

経営管理者のマネジメント

つづく②「経営管理者をマネジメントすること」とは、何でしょうか。経営管理者とは、企業にとってもっとも高価な資源です。経営管理者をマネジメントするということは、そのもっとも高価な資源を生かすということであり、企業をつくるということです。経営管理者のマネジメントにおいて必要なのは、「目標と自己統制によるマネジメント」(Management by Objectives and Self-Control) であり、経営管理者の仕事を適切に組織することです。企業が必要とするものは、一人ひとりの人間の強みと責任を最大限に活用するとともに、彼らの視野と努力に共通の方向性を与え、チームワークを発揮させるようなマネジメントの原理であり、そして彼ら一人ひとりの目標と共同利益とを調和させるマネジメントの原理です。これを可能とする唯一の原理が「目標と自己統制によるマネジメント」であり、それによって共同利益を経営管理者一人ひとりの目標とすることができます。ドラッカーによれば、「目標と自己統制によるマネジメント」はマネジメントの哲学ともいうべきものであり、成果の達成を確実なものにするのみならず、一人ひとりが自ら決定を下し自ら行動を起こすという点で真の自由を実現するものなのです。

働き手と仕事のマネジメント

最後に、③「働き手と仕事をマネジメントすること」とは、何でしょうか。企業が成果をあげられるか否かは、働く人々に成果をあげさせる企業の能力、すなわち仕事のさせ方いかんにかかっています。働き手と仕事をマネジメントすることこそ、マネジメントの基本的な機能のひとつです。人的資源として働く人々のために、仕事は彼らにとって常に挑戦するもの、すなわち自らの成長を促すとともに、その方向づけを行うものでなければなりません。彼らから仕事に対する最高の動機づけを引き出すのは、「責任」をもたせることです。彼ら働く人々一人ひとりを「責任ある労働者」(the responsible worker) とするために必要なのは、人員を正しく配置し、仕事に高い基準を設定し、自己管理に必要な情報を与え、「経営者的ビジョン」(managerial vision) をもたせるために参画の機会を設けることです。これらについては事業そのもののマネジメント以外でも、「工場コミュニティ」(5) を積極的に活用することによって成果をえることができる、とドラッカーは述べます。

経営管理者とは、これら①事業をマネジメントすること、②経営管理者をマネジメントすること、③働き手と仕事をマネジメントすること、の三機能をバランス・調和させる者にほかなりません。その存在はあたかもオーケストラ指揮者のごとくです。タクトを振る力量によって、音を出すにすぎない楽器が生きた総体としての音楽を生み出します。音を聞く彼の耳は、常にオーケストラ全体と個々の部分、たとえば第二オーボエに注がれています。同様に経営管理者も、意思決定を行う力量によって、個々人の業務の単なる集計を超えて、総体としての企業の成果を生み出します。さらに経営管理者は総体としての企業の成果のみならず、それを生み出す多様な業務個々の双方に責任をもち、また企業の直面する課題への対応についても、当面と長期という二重の時間軸をあわせもつのです。彼ら経営管理者にとってもっとも重要なのは業務遂行者としての能力ではなく、人間としての資質です。それは「真摯さ」をもってあらわされる人間としての品位なのです。

マネジメントの責任

こうしてドラッカーは、「マネジメントの責任」をもって本書の結論としています。いかに企業が私的なものであっても、社会なくして企業の存在はありえません。企業とは社会的な機関であり、社会的機能を果たすからです。マネジメントのあらゆる行動が、社会的責任に根ざしたものであることが必要です。この社会的責任こそ、マネジメントの倫理なのである、と。

「マネジメントの実践」をタイトルとする本書において、このようにドラッカーが結論にマネジメントの責任をすえたのは、きわめて大きな意義を有します。そこには、単なる技術書ではなく、人と社会のための生きた実践書が意図されていることが明確に伝わってくるからです。

そして、この意図をあらわした具体的手法こそが、「目標と自己統制によるマネジメント」でした。ドラッカー自身述べているように、その最大の利点は、メンバー個々人が自らの仕事ぶりをマネジメントできるようになることです。メンバー個々人にできるかぎり仕事を任せ、自立（自律）させる。責任をもつことによって、彼らはやる気と創意工夫が引き出され、組織全体として望ましい成果がもたらされることはもちろん、人材育成をはかることもできる。そこには、メンバー個々人を上意下達の指示・命令によって機械の歯車や手駒のごとく束縛し管理・統制するのではなく、あくまでもひとりの人間すなわち自由な意思をもった存在としてあつかい、その可能性を最大限発揮させようという人間尊重の視点があります。それは自らの意思にしたがって行動し、自ら責任を負うという人間の本性を見据えた視点です。

あくまでも何が問題か自分で発見し、どうすればいいか自分で考えて答えを見つけ出し、実際に自分で行動し、いかなる結果であれ自分のものとする。まさにドラッカーのメイン・テーマ「自由」＝「責任ある選択」を具現化した管理手法、「マネジメントの哲学」であり、人間に対するドラッカーの透徹したアプローチと深い慈しみを見出すことができます。このように人間の無限の可能性を信じたドラッカーが、その想いのすべてを注ぎ込んで生みだしたものが「マネジメント」にほかならなかったのです。

マネジメントの実践論

このように実践書たる本書『マネジメントの実践』（＝『現代の経営』）は、何よりも行為主体個々による自発的行動を強くうたうものでした。とはいえ基本的な手法やアイディアじたいは、すでに前著『新しい社会』（＝『新しい社会と新しい経営』）（1950）までで提出済みのものです。もとより「経営者的態度」が「経営者的ビジョン」となるなど、それなりの変化はあります。

ひるがえってみれば、本書は前著までの主要論点を具体的行動すなわち「実践」に向けて、編みなおしたものということができます。そしてその中核にあるのは、「社会の純粋理論」二要件問題（①人間一人ひとりに社会的な地位と役割を与えること「コミュニティ実現問題」、②社会上の決定的権力が正当であること「権力正当性実現問題」）にほかなりません。前著で二要件問題は、①コミュニティ実現問題からコミュニティ実現化問題（「人間一人ひとりが、社会的な地位と役割を自ら獲得すること」）へ、②権力正当性実現問題から権力正当性実現化問題（「社会上の決定的権力を正当なものにしていくこと」）へ進化していました。

ただし本書では、これら二要件問題が表立ってあらわれているわけではありません。要件①「コミュニティ実現化問題」が「働き手一人ひとりが企業活動に主体的な参加を果たすことで、自らの地位・役割を自力で獲得していく」という意識として、脈動しているにすぎません。しかも要件②「権力正当性実現化問題」については、ほぼ不問です。とはいえ、脈動する要件①「コミュニティ実現化問題」充足への意識は、きわめて力強いことが認められます。それはつまるところ本書において、「実践」として確立されたものなのでした。前著『新しい社会』での自主的アプローチ（制度化論）が、実践アプローチに昇華されて明確に定式化されたのです。

これは、これまでの「秩序論」から「責任論（自己責任論）」への転換を意味します。実に本書もふくめた以降のドラッカーにおいて、「秩序」から「責任」がキー・ワードとしての輝きをさらに増していきます。従来からの「人と社会の望ましいあり方」を論じる社会論と並行して、実践論たるマネジメント論が刊行されたなかで、この傾向はあらわとなっていきました。

【著書における基調の重心移動】

これまでの著書での「秩序論」から、『マネジメントの実践』（＝『現代の経営』）では「責任論（自己責任論）」へ

↓

「責任」がキー・ワードとしてさらに前面に

ドラッカーが見据えていたのは、あくまでも人と人が生きる場としての社会です。いかに人間一人ひとりを生かし、彼ら人間が集うコミュニティや社会を生かすのか。そのために編み出されたマネジメントは、人間としてのあり方を指し示すものでもなければなりません。

マネジメントの実践者すなわち経営管理者に必要不可欠な資質として、ドラッカーは「真摯さ」（integrity）をあげています。integrity は日本語に訳しにくい言葉ですが、手元の辞書によるとふくまれる意味に、堅固な「正直さ、誠実さ、高潔、清廉」、さらに職業的な「規準、規範」や「完全」などがあります。つまりドラッカーがこの言葉に込めたのは、職業人さらには人間としてもつべき精神的態度です。いかに有能であろうとも、管理者として人と社会を生かしていくのは、結局のところ人間としての品性すなわち人間性です。ドラッカーはこればかりは学ぶことができない先天的な資質としていますが、マネジメントがあくまでも人間が人間のために行うものであることを強く指し示しているといえます。

企業の存在意義は「顧客の創造」

また本書で事業の目的を「顧客の創造」ととなえたことも、きわめて象徴的です。あくまでも社会的な機関たる企業の存在意義は、顧客すなわち社会的ニーズを発掘し充たすことによって、人間社会を持続的に発展させるということにあります。

人間にとって金もうけはあくまでも幸せになるための手段であって、生きる目的ではありません。同様に企業も利益追求それじたいが目的なのではなく、人間社会の持続的な発展にこそ、それが活動する真の目的があるとするのです。企業というものが人間社会の発展にとっていかに重要かつ不可欠なものであるか、「顧客の創造」という言葉ほど、それを端的にいいあらわしているものはありません。

日本であれば士農工商のように商業をもっとも賤しい職業とみなす風潮、いわゆる賤商意識を完全に払拭するばかりか、ビジネスとその担い手たるマネジメントがいかに決定的な社会的役割を果たしているかを知らしめてあまりあるものです。実に「顧客の創造」という言葉によってビジネス・パーソンは自尊心をよび起されるとともに、彼らの背中は強く後押しされたのです。

【ダイエー創業者・中内功の言葉】

「あなた（ドラッカーのこと）の名著『現代の経営』で説いておられた「顧客の創造」という考えに強い示唆を受け、事業の意義を理解できたのも、ちょうどその頃でした。その頃日本では、資金をリスクに賭けることが卑しいことであるとする風潮がありました。しかし、「事業の目的は顧客を創造することである」というドラッカーの言葉、すなわち当時のあなたの言葉が、私に対し、そのような考えに正面から立ち向かう勇気を与えてくれました。」Drucker（1997）p.84、上田訳（１９９５）『Ｐ・Ｆ・ドラッカー・中内功　往復書簡①　挑戦の時』２０３－２０４頁。

サイエンスとしての「マネジメント」

ここにマネジメントは、学習できる知識体系すなわちサイエンスとなりました。従来ごく一握りの天才にしかできないとされていたマネジメントが「学べばできる」ものになったという意味で、新たなマネジメントは誕生したのです。このような個々の行為主体に立つアプローチは、もとより経済学とは一線を画します。実に『経済人の終わり』（１９３９）で意図された経済学にかわる社会アプローチとして、明示されたのです。かくみるかぎり本書は、マネジメント≠経営学にとって独立宣言の書でもあったのです。

経営学の専門書としてみても、本書は秀逸です。具体的な事例が豊富に盛り込まれ、生きた企業経営の姿がヴィヴィッドに体感できるリアリティに満ちあふれています。学問的な厳密さや緻密さにこそ欠けるものの、テイラー、フォード、人間関係論その他アメリカ経営学の主要な成果が批判的かつ主体的に読み込まれて摂取されています。それら諸理論の長短両面をさばく手際は、きわめて鮮やかです。そして、そこからさらに長所を取り込んでアレンジし、自らのオリジナルな所説へと展開させる手腕は見事というほかありません。ドラッカーにおけるアメリカ経営学への造詣の深さと、それらを生かす応用力の高さがいかんなく示されています。彼は、第一級の経営学史家でもあったのです。

「マネジメント」は彼の発明とされますが、まったくのオリジナルというわけではありません。

既存アメリカ経営学の成果のうえに打ち立てられた、まさにアメリカ経営学の所産にほかなりません。しかもそれが全体として、企業およびマネジメントの社会的責任のもとに統合されているのです。かくみるかぎり「経営学者ドラッカー」は、「経営学史家ドラッカー」という土台があってのものでもありました。

独特の筆致や巧みないい回しによって、本書は読みやすい経営学の専門書というのみならず、とりわけビジネス・パーソンにとっては先述のごとく自己啓発の書、現代的な指導の書としての側面ももち合わせていました。

本書であつかわれたテーマをもとに発展させた後の書として、『成果をめざす経営』（＝『創造する経営者』）（１９６４）、『有能なエグゼクティブ』（＝『経営者の条件』）（１９６６）がつづきました。これらはいずれも経営実践における具体的なテクニックに特化した完全な技術書・実務書ではありますが、この領域においても才を発揮するドラッカーの力量をみることができます。

2 『成果をめざす経営――経済的課題とリスクをとる意思決定』（＝『創造する経営者』）（１９６４）、『有能なエグゼクティブ』（＝『経営者の条件』）（１９６６）

『成果をめざす経営』（１９６４）

【主要もくじ】
イントロダクション：　課題（task）／第Ⅰ部：　企業（business）を理解する／第Ⅱ部：　機会に焦点を合わせる／第Ⅲ部：　成果達成のためのプログラム／結論：　コミットメント

「何をなすべきか」を示す実践の書

『成果をめざす経営』と『有能なエグゼクティブ』は、『マネジメントの実践』からのスピン・オフ作品です。

まず『成果をめざす経営』について、初版イントロでのドラッカーによれば、本書は長年コンサルタントをしてきた実践的な経験にもとづいています。経営者が果たすべき経済的な課題を体系的に提示しようとした最初の試みであり、企業が行うべき経済活動を体系化しようとした最初の第一歩です。

原タイトルが示す通り、まさに「何をなすべきか」についての実践的な書なのです。『マネジメントの実践』との対応関係でみれば、①「事業をマネジメントすること」の内容を中心に発展させたもので、まず事業とは何かの理解にはじまり、機会に焦点を合わせ、業績をあげるためのプログラムを策定するという展開となっています。

まずドラッカーは企業が今日行うべき3つの仕事として、①今日の事業の成果をあげる、②潜在的な機会を発見する、③明日のために新しい事業を開拓する、を指摘します。そして企業が成果をあげるべき領域（製品、市場、流通チャネル）に関する4つの分析として、①利益と資源についての分析、②コスト・センターとコスト構造についての分析、③マーケティング分析、④知識分析、をあげています。これらを総合して、自社の事業特性、成果をあげる能力、機会とニーズは明確化できるとするのです。

それらにもとづいて業績をあげるためには、意思決定に関する仕組みが必要です。ドラッカーは、いかなる事業であれ中核となる意思決定は、①事業の定義、②卓越性の定義、③優先順位の設定、の3つであるとします。これらを体系的に行うために必要なのが、全社的な成果達成プログラムです。企業の理念や目標と照らし合わせつつ、成果達成プログラムにおいて追求すべき機会とリスク、事業の範囲、財務的な対応、そしてそれらに見合った組織構造を定めることによって、戦略的意思決定を行うことができます。加えて企業家的な意思決定を可能とするために、そのメカニズムを組織内に組み込む、すなわち仕事や仕事の仕方、組織の精神や人事に組み込むことが必要です。

経営戦略論の書

後のドラッカーは、本書をして「今日、事業戦略（business strategies）とよばれるものにとり組んだ最初の書」と位置づけています。

経営戦略論としての主張は要するに、「①自社の分析・定義をもとに、②事業機会を発見し、③そこで自社の強みを最大限生かせるよう焦点を合わせていく」ということにあります。つまり選択と集中を徹底して行い、そこで何よりも個々自らの強みを生かすことにポイントがおかれています。そして最後にはやはり企業の社会的なかかわりをもって本書をむすんでいますが、「成果をめざす経営」すなわち企業個々の戦略というものが単に他社を出し抜くためだけのテクニックではなく、いわば企業個々の中核的な強み、その企業にしかないそれぞれの個性を生かしながら、全体としてあくまでも社会的成果をあげていくことへの視点が強調されています。

経営戦略論の系譜でみれば、『マネジメントの実践』（＝『現代の経営』）（１９５４）ですでにドラッカーは「戦略的意思決定」（strategic decision）、「戦術的意思決定」（tactical decision）、「特許戦略」（patent strategy）という用語を使ってはいるものの、経営学において「戦略」が広く知れ渡るようになったのは、チャンドラー『経営戦略と組織』（１９６２）からです。「組織は戦略にしたがう」の命題によって、「戦略」が経営学上の重要な概念として決定づけられたのでした。

本書でドラッカー自身も、チャンドラーやペンローズの企業成長論に言及しています。その後、アンソフをはじめとして、経営戦略論は経営学の中心的な領域としてしだいに重要性を高めていくことになりますが、たとえば1990年代に登場したコア・コンピタンス経営にはドラッカーの「選択と集中の徹底」「自らの強みを生かす」という基本的な発想を認めることができます。経営戦略論の誕生をドラッカー単独の業績にもとめることはできないまでも、彼が経営戦略論の端緒を開いたひとりであることは間違いありません。

【経営戦略論の創始者はドラッカーか?】

経営戦略論がしだいに形成されていった1950〜60年代という比較的早い時期に、その担い手として活躍していたのはドラッカーのみならず、チャンドラーなど他にもいます。やや遅れて経営戦略論を体系化したのはアンソフで、「経営戦略の父」とよばれています。

したがって、ドラッカーを単独で経営戦略論の創始者というのにはムリがあります。経営戦略論の端緒を開いたひとりということはできます。

【主要もくじ】

『有能なエグゼクティブ』(=『経営者の条件』)(1966)

序文／１　有能さは身につけることができる／２　汝の時間を知れ／３　自分が貢献できることは何か／４　強みを生かす／５　最優先すべきことを最優先する／６　意思決定の要素／７　効果的な意思決定／結論：　有能さは身につけなければならない

「エグゼクティブ」のセルフ・マネジメントの書

『成果をめざす経営』（＝『創造する経営者』）（１９６４）につづく『有能なエグゼクティブ』は、現代風にいえば「セルフ・マネジメントの書」です。初版「序文」でのドラッカーによれば、彼が有能なエグゼクティブに興味をもつようになったのは第二次世界大戦の初期です。それから有能なエグゼクティブはどこが普通の人と違うのか、体系的に研究してわかった最大の発見は、「そうした有能さは学ぶことができる、いや学ばなければならないことだった」といいます。成果をあげる者は、天性ではなく努力で身につけている。自らをマネジメントすることは可能であるし、だれでもできる、と。

『マネジメントの実践』（＝『現代の経営』）（１９５４）との対応関係でみれば、②「経営管理者をマネジメントすること」の内容を中心に発展させたもので、成果をあげるために自らをマネジメントする手法として書かれたのが本書なのです。

本書を理解するうえで最大のポイントとなるのが、「エグゼクティブ」(executive)の概念です。一般に経営層や経営者などをあらわす言葉ですが、本書はそれのみにとどまりません。「成果をあげるべく意思決定を行う者すべて」がふくまれているのです。したがって本書の対象は経営者・経営管理者のみならず、成果をあげるべく日々向上心をもって行動している人々すべてということになります。

【「経営者」をあらわす原語：　エグゼクティブとマネージャー】

本書 *The Effective Executive* は「経営者の条件」の邦訳名で知られますが、ドラッカーは経営者をあらわす語として manager と executive を明確に区別して用いています。

後に彼は「エグゼクティブ」概念には、伝統的な「経営管理者」(managers)と「経営管理しない専門家」双方がふくまれる。というのも、いずれも自分の仕事がもたらす貢献と成果について目標を定める責任を有し、企業全体の業績や富を生み出す能力に影響を与える意思決定を下すことが期待されているからだ、としています。(Drucker (1973) p.394, 野田・村上監訳(1974)30頁。)ちなみに後の『大変革期の経営』(＝『未来への決断』)(1995)でも、意識的にエグゼクティブの語が用いられています。

以上のドラッカーの意図にかんがみて、本書では executive をそのままエグゼクティブと表記しています。また原題 *The Effective Executive* を意訳すれば「できる経営者」と思われま

――すが、あえて「有能なエグゼクティブ」と訳出しています。

成果をあげるための習慣

本書では、「成果をあげる能力は修得できる」ということを前提に、ドラッカーは身につけるべき習慣的な能力すなわち成果をあげるための条件として、以下の５つをあげています。

（1）**自らの時間を知ること**：　成果をあげる者は、仕事ではなく時間からスタートする。時間とは制約要因だからである。時間が何にとられているかを把握し、無駄を排除し、自由な時間をまとめる。こうした時間について記録し、整理し、まとめることこそ、成果をあげるタイム・マネジメントの基本である。

（2）**自分にできる貢献は何かを考える**：　成果をあげるためには、自らの果たすべき貢献を考えなければならない。自らの貢献を問うことは、自らの可能性を追求することすなわち自己開発でもある。そして貢献に焦点を合わせることによって、自らの領域ではなく組織全体の成果に注意を向けるようになる。貢献に焦点を合わせるということは、責任をもって成果をあげるということである。貢献に焦点を合わせることによって、良い人間関係すなわちコミュニケーションやチームワークが築かれ、さらには自己開発による人材育成も可能となる。つまり貢献に焦点を合わせるということは、成果をあげることに焦点を合わせることにほかならないのである。

（3）**人の強みを生かす**：　成果をあげるためには、強みを総動員することが必要である。強みを生かすということは、成果を要求することだからである。そしてそれは行動だけでなく姿勢でもある。弱みからは何も生まれない。強みこそが機会であり、組織特有の機能はそれを生かすことにある。自らをはじめとするすべての人を機会とみて、「何ができるか」「できることは何か」と問うことからはじめれば、行動しうる可能性が実は多くあることに気づくはずである。

（4）**もっとも重要なことに集中する**：　成果をあげるための秘訣を一つだけあげるとすれば、集中である。そのためにまず劣後順位の決定、すなわちとり組むべきでない仕事を決定し、それをいさぎよく捨てることが必要である。そして優先順位を決定するが、そこで重要なのは分析ではなく勇気である。つまりみつめるのは過去ではなく未来、焦点を合わせるのは問題ではなく機会、ねらうのは人と同じものではなく独自のもの、選ぶのは無難で容易なものではなく変革をもたらすものと決定する勇気である。集中とは「真に意味のあることは何か」

「もっとも重要なことは何か」という観点から、時間と仕事について自ら意思決定をする勇気のことなのである。

（5）**成果をあげる意思決定**：　正しい意思決定は、共通の理解と、対立する意見、競合する選択肢をめぐる検討から生まれる。エグゼクティブが直面する問題は、満場一致で決められるようなものではない。相反する意見間の衝突、異なる視点同士の対話、異なる判断の間の選択があってはじめて、しっかりと行われうる。正しい決定には、適切な意見の不一致が必要である。異なる意見間のやりとりを経て、最後にその意思決定じたいが本当に必要なのかを自問する必要がある。

こうしてドラッカーは、「成果をあげることは習慣である」とまでいいます。本書『有能なエグゼクティブ』（＝『経営者の条件』）は、とりわけ熱意と意欲をもって仕事にとり組むビジネス・パーソンには、鼓舞させられる啓発的な側面が強いです。「有能さは学ぶことができる。成果をあげる者は、天性ではなく努力で身につけている」といった言葉には勇気づけられ、そのためになすべきこととして「自らをマネジメントすることは可能であるし、だれでもできる」といった言葉には意欲をかき立てられるものがあります。

今風にいえば、仕事術や成功法、総じて自己啓発といったビジネス書の萌芽が見出せます。昨今の数ある類書にあって本書はその端緒と位置づけることもできますが、いまだ読まれつづけているものでもあります。というのも本書が単なるハウツーものではなく、ドラッカー流の人間に対する深い洞察と温かい慈しみの目によって、実践すべき方法論として書かれているからにほかなりません。本書ではとくに意欲ある者を刺激せずにはいられないモチベーターとしてのドラッカーがみられますが、同時にその根底には人間行為にもとづくマネジメント思想が脈打っていることもまた見出せるのです。

知識労働者への言及

これら『成果をめざす経営』（＝『創造する経営者』）（1964）、『有能なエグゼクティブ』（＝『経営者の条件』）（1966）は『マネジメントの実践』（＝『現代の経営』）（1954）からスピン・オフした作品ながら、オリジナルである同書との違いは「知識労働者」に言及している点にあります。いまだ発展途上にあるものの、両著での知識労働者による経営実践技法の提示を経て、次回作として多元的知識社会を真正面から論じた大著『断絶の時代』（1969）が披露され、さらに多元的知識社会をベースにドラッカーの代名詞ともいえる大著『マネジメント――課題・責任・実践』（1973）が誕生することになるのです。

Ⅲ　社会論

１　『明日への道標』（＝『変貌する産業社会』）（１９５７）

【主要もくじ】
イントロダクション：　今のこのポスト・モダン世界／第1章　新しい世界観／第2章　進歩からイノベーションへ／第3章　集産主義と個人主義を超えて／第4章　新しいフロンティア／第5章　教育社会／第6章「貧困に打ち勝とう」／第7章　死の床にある近代政府／第8章　消えゆく東洋／第9章　なすべき課題／第10章　今日における人間の状況

ポスト・モダンの先がけ

本書は『新しい社会』（＝『新しい社会と新しい経営』）（１９５０）後、『マネジメントの実践』（＝『現代の経営』）（１９５４）をはさんであらわされた社会論の大著です。注目すべきは、イントロのサブ・タイトルで「ポスト・モダン」の語がすでにうたわれていることです。

今日いわれるような意味でのポスト・モダンが登場するのは１９６０年代末以降のことであり、

その点でかなり早い時期からドラッカーは先んじて述べていたことになります。もとより一般的に理解されるポスト・モダンと本書のものがまったく同じというわけでもなければ、ポスト・モダンを先んじて用いていたのがドラッカーだけというわけでもありません。しかしながら、やはりそのパイオニアのひとりとして数えることはできるでしょう。

【ポスト・モダンとは？】

「ポスト・モダン」とは、近代主義（モダン）を批判し、それを乗り越えようとする思想的潮流です。「ポスト・モダン」の語が広く用いられるようになったのは、1970年代アメリカの、建築およびデザイン批評の分野からといわれます。その大勢として指摘されるのは、基本的にモダン批判から出発し、モダン理論に内在する諸矛盾を摘出しながら、現在および将来の人間と社会のあり方を分析する、ということです。総体としてみれば、モダンを内包しつつも、それを超えるものとしてあるのがポスト・モダンということになります。

本書でドラッカーは従来のモダンと新しいポスト・モダンの交錯する「変転の時代」を強く自覚し、禁欲的にそれをできるだけ客観的に理解し記述しようとします。本書の前半では、デカルト主義的な機械的因果論の世界観から、「形態」「目的」「過程」による新しい世界観への哲学的な移行が論じられます。ここにおいて一定の目的を設定し、それに向けて組織的に努力していく主体的営為としてのイノベーションの遂行と、「新しい組織」による新しい社会秩序、すなわち「個人と社会」「部分と全体」の相即的発展という新しい関係に説きおよばれます。

後半では、４つの新たなフロンティアが新しい現実として述べられます。それらは新しい課題でありチャンスである。単なる厄介ごとやリスクとせず、いかにとり組んでいくかが今後の自由世界の行方をも決すると断じられます。さらに「変転の時代」の人間存在における新しい精神的現実として、知識と力への考察が行われています。そしてその責任を受け入れ、正しく用いることこそ、今後のわれわれにとって何よりも重要なのだと結論づけられています。

本書の前半たるイントロダクション〜第３章での考察は、本書全体を貫く視点であり、基本的な枠組みです。「変転の時代」という認識の底流にあるのは、近代（モダン）の限界です。モダンの思考・思想・手法、科学の限界が指摘され、それにかわるものの早急な建設がさけばれます。今後必要なものなど大まかな方向性はわかるものの、具体的にどんなものなのかまではわからない。モダンの次に来るものとして、さしあたりポスト・モダンとでもいうしかない、ということになります。

「変転の時代」における４つのフロンティア

このようにドラッカーは従来の哲学・科学から脱皮することを強調しますが、その具体的な要因にあげるのはイノベーションと「新しい組織」でした。イノベーションについては新しい「秩序」の内実とし、その遂行者たる人間を「秩序形成者」(order-maker)として主体性を強調しています。「新しい組織」については、イノベーションをすすめる実際の枠組みとして、そこにかかわる人間一人ひとりとの相即的発展のための主体性をやはり強調しています。ここには『マネジメントの実践』(=『現代の経営』)(1954)における実践アプローチ、ひいては秩序論から責任論(自己責任論)への重心移動の影響が強くあらわれています。

本書後半で提示された4つの新しいフロンティアには、後期ドラッカーの主要論点へとつながっていくものがより具体的に認められます。①教育社会は、知識社会とそこにおける教育の重要性を先んじて指摘するものです。②経済発展によるチャンスと危険の両面をはらむ経済領域は、ドラッカー流にいえば世界経済すなわちグローバル経済、またインフレ対策としての生産性向上、さらに本書にもありますがイノベーションへとつながっていくものです。③新しい社会秩序のための諸制度設立に迫られる政治領域は、多元主義の提唱、近代国家すなわち国民国家・主権国家の限界です。ただし、④東洋独自の文化・文明の消滅によって空白となる文化領域については、正直何ともいえません。共通の世界文明という視点が、グローバル化につながるということだけはいえるでしょう。

さらに「なすべき課題」とされる新しいフロンティアへとり組むべき姿勢は、旧弊を創造的に破壊することによって達成されるイノベーションそのものです。新しい機会の到来をチャンスととるかリスクととるか、この意思決定に成否の岐路がある。ドラッカーは前者すなわちチャレンジ精神の発揮に、大きな発展可能性をみます。それをポジティブに説く口調は、読者の背中を強く温かく押してくれるものです。最後の「第10章　今日における人間の状況」は、後の多元的知識社会における人間一人ひとりのあり方を説くものへとつながっています。

総じて本書は「変転の時代」すなわち否応なく進む時代の変化をあつかったものであり、『断絶の時代』（１９６９）後の後期ドラッカーの世界観を先取りした問題意識および内容となっているといえます。

２『明日のための思想』（１９５９）

【主要もくじ】
序文／第１部　明日のための思想／第２部　経済政策と社会／第３部　現代のプロフィール

本書はまずドイツ語で出版され、後に英語で出版された論文集です。ドイツ語出版に際して付けくわえられた論文もありますが、それ以外の所収論文はもともと英語で書かれています。そもそもそもアメリカ人向けだったものをヨーロッパ人にも読んでもらうことが適切との判断から、ドイツ語での著書刊行にいたったとドラッカーはいっています。

多岐にわたる論文集

本書は3部14章からなりますが、各章が独立のテーマをあつかった論文です。部それぞれのイントロで、諸論文を選んだ意図が述べられています。「第1部　明日のための思想」所収の諸論文は、未来の重要な研究領域に関する課題と可能性をあつかったものです。ここでは明日の現実の姿を把握することがめざされています。「第2部　経済政策と社会」所収の諸論文は、現代の産業社会・企業というテーマをあつかったものです。「第3部　現代のプロフィール」所収の諸論文は、歴史的な人物を中心とした素描です。ただしドラッカー自身の視点は人物そのものではなく、これら人物が現代を生きるわれわれにとってどのような意味をもつのかにあるといっています。

本書の範囲は、政治、マネジメント、歴史、哲学、経済学、教育学と、広範かつ多岐におよんでいます。内容的に体系だってはいないものの、ドラッカー自身によれば「社会および経済は、人間の責任ある活動領域である」という一大思想がそれら諸領域をむすびつけているとしています。そして彼は、未来を志向する人間の行動は責任ある行動であり、知識・能力にもとづく確信・

義務に裏づけられた行動でなければならない、とします。

したがって、未来から何を知り、過去から何を学ばねばならないか、そして人間の責任ある行動の価値・目標・義務はどういうものかが問題となります。それらをあつかう本書は、「明日のための思想」を明確化する試みなのです。「明日のための思想」＝「より良い未来のために、未来を知り過去に学び、現在いかに行動するのか」がテーマなのです。

内容としては、「従業員社会」や従業員に関する考察など改めて注目すべきもののほか、もっとも影響を受けた思想家とドラッカーが自認するキルケゴール(6)がふくまれているのが印象的です。本書所収の論文のいくつかは後の著書にも転載されていますが、ドラッカー著書群のなかで本書はおそらくもっともとりあげられないもののひとつです。

ドイツ語の著書で、しかも多様な領域にわたる論文集だからでしょうか。雑多な論文集という点で本書は後期著書群の先がけともいえますが、後期のそれらは「多元的知識社会」という世界観のもとに行われた定点観測でもあり、またアンサンブルでもあります。それに比べれば、本書のテーマの焦点は定まっているとはいえず、ややぼやけてみえます。部分的に目を引くところもあるものの、本書は総体として『明日のための思想』というタイトルほどのインパクトは与えなかったようです。

【小粒ながらキラリと光る『オートメーションと新しい社会』】

このほかに見過ごせない書として、『アメリカのこれからの20年』(=『オートメーションと新しい社会』)(1955)があります。雑多な論文集の小著ながら、年金基金革命や人口動態にもとづく「すでに起こった未来」への視点・アプローチなど、後の大きな論点につながるものがふくまれています。

Ⅳ　整理と検討：　マネジメント誕生の衝撃とドラッカー

モダンへの懐疑とデカルト批判

「マネジメント」の誕生と、それにつづくドラッカー自身の内省ならびに世界観の転換が、本章の焦点でした。ドラッカーの本来の問題意識からすれば、それがもっともあらわれているのは『明日への道標』(=『変貌する産業社会』)(1957)です。同書こそ、これまでの論考からの転換に揺れ動くドラッカーの思索そのものといえます。

とりわけそれが如実にあらわれているのが、イントロダクション～第3章です。ここにおいて、近代および科学の思想的基盤をなす哲学・方法論に関する回顧と考察が行われました。それは、科学をふくめた近代（モダン）への懐疑とそこからの超越という視点です。近代社会の前提にあるデカルト主義的世界観を、静態的機械論、「部分と全体」の二項把握による因果論とし、その限界が指摘されたのでした。ドラッカーがこれほどの徹底した批判を行ったのは、『産業人の未来』（１９４２）での全体主義の起源としてのルソー以来のものです。ルソー批判は行きすぎた理性主義でしたが、本書でのデカルト批判はさらにその根幹をなすモダンそのものにまでおよんでいます。

このルソーひいてはデカルトへの批判はドラッカーの執筆活動の出発点に位置していますが、総じてそれは西洋近代合理主義思想としてのモダンに対する建設的批判にほかなりません。つまり当初より彼の思想内部には、モダンを超えるポスト・モダンへの視点がビルト・インされていたのです。

【ポスト・モダンと日本】

ドラッカーが想定するポスト・モダンの具体例として、日本をあげているのはきわめて印象的です。彼は、およそ次のようにいっています。

ポスト・モダンの黎明期は、明治維新にもとめることができる。というのも明治維新こそ、意識的・体系的・組織的な努力によってもたらされた世界最初のイノベーションであり、世界の範となるべき経済発展の物語だからである。それは専制君主によってではなく、自由な人間のエネルギー・献身・勇気によって推進された。知識が近代社会の基本的な資源であるという認識をもとに、教育を土台としてもたらされた世界最初の試みである。非西欧的な文化と伝統をもちながら、すぐれた西欧的産業社会を築きあげた唯一の国として、日本こそが明日の産業社会すなわちポスト・モダンの建設に重要な役割を果たすものである、と（Drucker (1957)、現代経営研究会訳（１９５９）日本語版への序、i－ii頁）。

日本へのリップ・サービスはなきにしもあらずですが、ドラッカーが日本を高く評価していたのは広く知られるところです。

そもそもポスト・モダンなるものには明確な定義や体系は存在しないといわれます。したがってわれわれが理解しうるのも、ポスト・モダンそのものではなく、せいぜい「ポスト・モダン的なもの」にすぎません。時期的にみれば、ドラッカーの発した「ポスト・モダン」という言葉・概念および問題意識はそうした潮流の先がけに位置しています。ポスト・モダンの大勢すなわち「モダン批判から出発し、モダン理論に内在する諸矛盾を摘出しつつ、現在および将来の人間と社会のあり方を分析する」とも、明らかに大きく符合しています。

「マネジメント」の誕生

ポスト・モダンをとなえはじめたドラッカー世界の展開にあって大きく刮目すべきは、「マネジメント」の誕生です。もとよりそれは、ドラッカーにおける社会構想転回への萌芽・胎動と双璧をなす大きな所産です。いやむしろドラッカー全思想における最大の画期とさえいえるものです。『明日への道標』（＝『変貌する産業社会』）（１９５７）に先立つこと3年、『マネジメントの実践』（＝『現代の経営』）（１９５４）でのことでした。

彼によるマネジメントの誕生は『会社の概念』（＝『企業とは何か』）（１９４６）をはじめとするコンサルティングの知見に裏打ちされたものではありましたが、はたしてその意図するところをドラッカー自身がどれほど自覚していたかは定かではありません。たしかに編み出した当初よりドラッカーは、マネジメントがいかなる意義をもち、いかに位置づけられるべきかをたえず力説していました。マネジメントをして、実践であり、産業社会における際立ってリーダー的な、社会・文明における基本的・支配的で不可欠の制度であり、それらを総じて現代社会の信念のあらわれである、と。

一方で「実践」すなわち行為概念としながら、他方で枠組みたる制度概念ともしていたのです。後者がかつて『新しい社会』（＝『新しい社会と新しい経営』）（１９５０）での企業「制度」概念に該当するのは明らかであり、さらにそこに行為概念がつけくわえられたのです。誕生当初よりマネジメント概念は、企業概念を内包しつつ、それを超えるものとして措定されていたのです。そもそも自ら希求する「新しい社会」実現のために、ドラッカーが注目したのが企業でした。つまりそれにとってかわるものとして新たに生み出されたのが、マネジメントなのです。「新しい社会」は、「企業による社会」から「マネジメントによる社会」へと枠組みを新たにしたのです。このマネジメントが制度概念を土台としつつ、行為概念を旗頭にかかげているということは、いかなる意味をもつのでしょうか。それは、ドラッカーにおける「新しい社会」実現の問題が、自ら行為実践して実現する「新しい社会」実現化の問題へと歩をすすめたということにほかなりません。

しかしながら、その3年後に刊行された『明日への道標』（＝『変貌する産業社会』）（1957）では、「なすべき課題」として未来への行為実践やイノベーションがうたわれてはいるものの、マネジメントにそれほどのウエイトがおかれているわけではありません。また一方で、結論たる「第10章　今日における人間の状況」では、人間の内的世界の変化として知識と力をとりあげ、これからの人間のあり方に言及してはいます。とはいえ、それもどちらかといえばいかんともしがたい現状に対する心がまえに終始し、マネジメントにまで説きおよんではいません。『新しい社会』につづく渾身の社会論として、同書はとりわけ自らの世界観と方法論をめぐる内省すなわち懐疑と模索、いいかえれば葛藤と苦悩にポイントがおかれて述べられているだけなのです。

新しい「秩序」としてのイノベーション

『新しい社会』（＝『新しい社会と新しい経営』）（１９５０）から『明日への道標』（＝『変貌する産業社会』）（１９５７）へと、わずか7年あまりで生じた内省において「マネジメント」誕生の有する意義は決して小さくないはずです。それどころか逆に内省のトリガーとなったのが、自ら行為する＝「責任ある選択」を行う「マネジメント」なのではないでしょうか。

実際、かかげられるキー・ワードは『新しい社会』までおよそ「秩序」でしたが、『マネジメントの実践』（＝『現代の経営』）で行為主体の果たす「責任」が強く前面にあらわれるようになります。そして『明日への道標』ではイノベーションを新しい「秩序」とし、「秩序形成者」たる行為主体の果たす「責任」が強調されるところとなりました。

ここにあるのは、「秩序論」から「責任論（自己責任論）」への重心移動です。いわば『明日への道標』での内省とは、さしあたり新たなマネジメントを編み出したものの、それをドラッカーが自身の内面で十分に消化しきれていない状況の吐露にほかならなかったのです。「新しい社会」実現という理想において生み出された「マネジメント」を、いまだ自らの考察のなかでうまく整理しきれていなかったということのあらわれというわけです。

そもそも『明日への道標』（１９５７）での基本的主張は、科学をふくめたモダンからの超越をめざし、それにかわるものの模索です。それがどのようなものなのかは具体的にわからないとしながらも、従来の因果律による静態的機械論にかえて、新しい概念による、いわば「動態的進化論」への移行が指摘されたのでした。そしてそのための具体的な要因としてイノベーション概念をかかげ、またその行為主体として「新しい組織」が説きおよばれたのです。

ここにいうイノベーションとは、人間一人ひとりをはじめとする行為主体が自らの意思によって生み出す変化であって、従来からいわれる「進歩」とは異なります。ただし同書が意図する「明日への道標」＝未来への道案内や手引きを果たすものが何であるのかについては、必ずしも明確ではありません。なるほど新しいフロンティアがまさにイノベーションの対象として述べられてはいます。それは後期ドラッカーのテーマ「多元的知識社会」論につらなるものにほかなりませんが、それまでの明快なドラッカーに比すれば、歯切れの悪さをおぼえずにはいられません。「モダンにかわるものがどのようなものなのかは具体的にわからない」との告白には、ドラッカー自身の隔靴掻痒の感がにじみ出ています。こうして、このドラッカーの内省は、『断絶の時代』（１９６９）で新たな構想として体系化され明示されるのです。

V　おわりに

以上、マネジメント誕生期にしてドラッカー思想の転換期を検討してきました。ここで明らかとなったのは、むしろ「マネジメント」の誕生によって、彼の考察そのものが転換せざるをえなかったということにほかなりません。行為主体を基軸とすることによって、新しい「秩序」よりもそれをつくりだしていく「責任」こそが問題となったのです。

実に『マネジメントの実践』（＝『現代の経営』）（１９５４）の刊行は、それまでのドラッカー世界の展開からすれば、まったくもって異質でした。自由で機能する「新しい社会」を追究してきたのに、いきなり企業内の管理実践という異次元に転回したのですから。しかしながらドラッカーに通底する問題意識からすれば、それは決して奇妙でも不自然でもなくむしろ当然でした。すでに彼の「新しい社会」論は「企業による社会」を枠組みとしており、その追究はさらに企業のあげる具体的成果とそのための実践へと焦点を移行せざるをえなかったのです。

もとよりここでの企業とは、あくまでも「社会のための企業」、社会的制度としての企業です。ドラッカーにおいて、「新しい社会」実現を追いもとめた結果として「マネジメント」は誕生しました。彼のこれまでの考察からすれば、それはしごく当然でした。

【『現代の経営』における「新しい社会」】

「新しい社会」＝「良き社会」について、ドラッカーは次のように述べています。

「中世の偉大な政治学者（ジョン・フォーテスキュー卿）が「人々の意思」とよんだもの、

すなわち方向づけられ、焦点を合わされ、統合された、自由な人間の努力だけが、真の全体を生み出すことができる。実に、諸部分の総計を超えた全体をつくりだすことが、プラトン以来、「良き社会」の定義である。」（Drucker（1954）pp.12-13, 上田訳（１９９６）（上）16頁。）

とはいえ、社会全体からマネジメントなる個別行為主体への座標軸の移動は、決して容易なものではありませんでした。実に『マネジメントの実践』（＝『現代の経営』）（１９５４）のイントロで彼は、マネジメントが単なる個別行為主体にとどまらず、社会的・文明的な存在であることをくり返し強調します。その執拗さは、マネジメントを私益追求のためだけの手段とはしない腐心のあらわれでもありました。誕生当初よりマネジメントが広範かつ多義的な概念だった理由の一端も、ここにあります。

つづく『成果をめざす経営』（＝『創造する経営者』）（１９６４）、『有能なエグゼクティブ』（＝『経営者の条件』）（１９６６）では「マネジメント」そのものを概念的に問うことなく、個別行為主体としての成果達成にのみ焦点を合わせて論じています。これはむしろ逆に「マネジメント」概念を問わないがゆえに、テクニカルな成果達成を論じることができたともみてとれます。新たに誕生した「マネジメント」ではありましたが、いまだドラッカー自身においてもうまく位置づけられていたわけではなかったのです。それが果たされるのは、世界観をリニューアルした『断絶の時代』（１９６９）を経て、マネジメントの決定版として刊行された『マネジメント』（１９７３）

においてでありました。

『明日への道標』（＝『変貌する産業社会』）（1957）では「マネジメント」誕生によって新たな方向性が模索されていましたが、原タイトル「明日への道標」＝「未来への羅針盤」が意味するものは結果的に「マネジメント」にほかならなかったのです。実に後期ドラッカーは「マネジメント」を強力な拠り所として、所説を展開していくことになります。

ともあれ「マネジメント」の誕生によって、「経営学者ドラッカー」もまた誕生しました。それまで政治的社会論を展開していた「政治学者ドラッカー」が色あせてしまうほどの衝撃でした。ただし両者は決して別物ではなく、「社会生態学者ドラッカー」として通底しています。いわば「経営学者ドラッカー」とは、「新しい社会」実現をめざす「社会生態学者ドラッカー」の進化形態にほかならなかったのです。

もとより「経営学者ドラッカー」は、渡米した1937年以後の所産です。GMその他アメリカ実務界との盛んな交流にくわえ、アメリカ経営学の諸理論が見事なまでに織り込まれて、ドラッカー独自の体系となっています。彼の「マネジメント」は、まさに経営学の金字塔だったのです。

※第3章のまとめ

【新たに誕生した「マネジメント」とは何か?】

●「マネジメント」の概念:

社会・文明における基本的で支配的な制度、現代社会の信念のあらわれ、経済発展の責任を託された不可欠の制度

=

「新しい社会」実現の担い手たる企業について、それを実際に動かす主体に焦点

マネジメントの行う事業は、顧客の創造ひいては「新しい社会」の創造

※「企業による社会」(企業社会論)から「マネジメントによる社会」(マネジメント社会論)へ

『新しい社会』(=『新しい社会と新しい経営』)での自主的アプローチ(制度化論)が、実践アプローチに昇華

具体的実践手法: 目標による管理、モチベーションとしての責任

=

マネジメントにたずさわる一人ひとりによる「責任ある選択」の実践

「秩序論」から「責任論（自己責任論）」へ
（『マネジメントの実践』＝『現代の経営』）

●マネジメントの個別領域での発展
①経営戦略論：『成果をめざす経営』（＝『創造する経営者』）
②セルフ・マネジメント論：『有能なエグゼクティブ』（＝『経営者の条件』）

●マネジメントの誕生による従来の世界観・方法論から転換へのきざし：
マネジメントの誕生にもっとも影響を受けたのは、ほかならぬドラッカー本人
↓
『新しい社会』における産業社会論からの脱皮の予感（『明日への道標』（＝『変貌する産業社会』）
↓
後期の起点『断絶の時代』へ

第4章　ドラッカー世界の完成――マネジメント論の完成、マネジメント社会論の確立

とりあげる主な著書

『断絶の時代――われわれの変わりゆく社会への指針』（1969）、『見えざる革命』（1976）
『乱気流時代の経営』（1980）、『新しい現実』（1989）、『ポスト資本主義社会』（1993）
『マネジメント――課題・責任・実践』（1973）、『イノベーションと企業家精神――実践と原理』（1985）、『非営利組織の経営――実践と原理』（1990）

ドラッカー、59歳〜84歳

背景：

・冷戦の展開。後にソ連が崩壊し、冷戦は終結。
・オイル・ショックによる世界経済の減速。その一方で、日本経済の堅調な成長。後にバブル経済の崩壊。

ドラッカーの出来事：

・カリフォルニア州のクレアモント大学教授に就任し、終の棲家とする。
・『断絶の時代』、『マネジメント』の出版。

「現代の多元社会をなす諸制度が責任ある自律性をもって業績をあげなければ、個人主義は失われ、自己の個性を発揮できる社会もなくなってしまう。…力強く業績をあげる自律的制度にとってかわるのは、専制だけである。専制は諸制度の競り合う多元主義にかえて、唯一絶対のボスをすえる。責任にかえて恐怖をすえる。…諸制度が責任をもって自律的に高度な業績をあげるようにすることこそが、多元社会の自由と尊厳を守る唯一の策である。

けれども実際に諸制度が業績をあげるようにするのは、経営管理者とマネジメントである。責任をもって業績をあげるマネジメントこそが専制にかわるものであり、われわれが専制から身を守る唯一の策なのである。」（*Management* (1973) pp. ix-x. 野田一夫・村上恒夫監訳（１９７４）『マネジメント』上巻26－27頁。）

Ⅰ　はじめに

後期ドラッカーのはじまり

本章では、『断絶の時代』（１９６９）から『ポスト資本主義社会』（１９９３）までの著書をとりあげます。

この間のドラッカーは59歳～84歳で、人間としても文筆家としても円熟した域にありました。その比較的早い時期にカリフォルニアのクレアモント大学に移籍し、終の棲家としています。また『断絶の時代』で自身の世界観や方法論そのものに関する根本的なリニューアルを行っています。もとよりこれはドラッカーにおける一大画期であり、いわゆる後期ドラッカーのはじまりです。

この間の世情はいまだ冷戦がつづいていたものの、最後にはソ連崩壊による冷戦終結という画期がありました。オイル・ショックを経て世界経済は低成長の時代に入っていきますが、日本経済は堅調に発展して世界的な存在感を増大させていきました。いわゆるジャパン・アズ・ナンバーワンそしてバブル崩壊が、日本では現出した時期でもあります。

この期間は長いため著書数も多いですが、実際には完成度が決して高いとはいえない社会評論書や雑多な論文集が多いです。内容的に主な著書として、社会論で『断絶の時代』（１９６９）、『見えざる革命』（1976）、『乱気流時代の経営』（1980）、『新しい現実』（1989）、『ポスト資本主義社会』（1993）、マネジメント論で『マネジメント』（1973）、『イノベーションと企業家精神』（1985）、『非営利組織の経営』（1990）があります。またドラッカーの人となりを語るうえで欠かせない、実質的な自伝『傍観者の冒険』（＝『傍観者の時代』）（1979）もあります。

【なぜ『傍観者の時代』が、実質的な自伝といえるのか？】

当初のドラッカーは本書を、自伝でも回想録でもない、私自身ではなく他者についての本だと述べています。後には、半自伝的な物語と述べたこともあります。にもかかわらず本書が実質的な自伝といえるのは、その論法にあります。ドラッカーの人格形成上影響のあった人々が多数登場し、彼がそれらの人々を傍観するスタイルですすめられます。

しかしその内実は、他者について語りながら、それを通じてもっとも語っているのはドラッカー自身のことにほかなりません。自己を投影して他者を論じるのであり、彼ら登場人物の多くがドラッカーの影法師、もう一人のドラッカーとして存在しています。しかも彼らの多くがユダヤ系です。彼らを傍観して語るドラッカーはナレーターでありながら、実は彼自身こそがまさに本書における真の主人公なのです。

それを物語る印象的なシーンがあります。政権を掌握したナチスがフランクフルト大学にやってきて、教員会議を招集した時の描写です。助手だったドラッカーも出席しましたが、その場でユダヤ人教員すべての即刻解雇が宣告されました。問答無用でなすすべもなく、教員側は有無なくしたがわざるをえない状況でした。

　そしてドラッカーが目の当たりにしたのは、会議前にユダヤ人か否かを問わず仲の良かった教員同士が、会議後に非ユダヤ人教員がユダヤ人教員と距離をおいて退出する様でした。これをみたドラッカーは、すぐさまドイツ出国を決意したというものです（Drucker (1979) p.162、風間訳（1979）248-249頁）。

　この描写では同書の視点、つとめて第三者的な傍観者の視点が貫かれ、ドラッカーは自らがあたかも非ユダヤ人であるかのように状況を傍観しています。しかしその実態はまさにドラッカーこそが、仲の良かった教員から距離をおかれてしまった当事者のひとりにほかなりませんでした。傍観して語っていたのは他者ではなく、あくまでもドラッカー本人ということなのです。


これらのうち、『断絶の時代』（1969）は後期ドラッカーの起点、『ポスト資本主義社会』（1993）は前期をふくめた全ドラッカー生涯の総決算・集大成に位置づけられるものです。その他ではマネジメント論を軸とする社会評論も多く、社会論とマネジメント論に大別しがたい、あるいはあえてしない方がいいものも少なからずあります。

本章でも便宜的に両者に二分して考察をすすめますが、社会論をメインにしつつ、マネジメント論に言及する形で行っていきます。

II　前期ドラッカーから後期ドラッカーへ

社会構想の大転回

『マネジメントの実践』（＝『現代の経営』）（１９５４）での「マネジメント」の誕生、そして『明日への道標』（＝『変貌する産業社会』）（１９５７）での世界観・方法論の内省を経て、ドラッカーは『断絶の時代』（１９６９）を刊行します。ここにおいて彼の社会構想は、大きな転回をみせます。それまでの「企業による社会」としての「新しい産業社会」論にかえて、「知識社会」と「多元社会」からなる「多元的知識社会」論を提示するのです。

以上をもって、一般にドラッカーは前期と後期に分けて理解されています。実に同書を境界とするドラッカー所説の違いは、しばしば指摘されるところです。前期ドラッカーは『経済人の終わり』（１９３９）を経て『産業人の未来』（１９４２）を起点に、「新しい産業社会」を「自由で機能する社会」とすべく何が必要か、ドラッカー自ら問題を提起しそれに自らが答える形ですすんでいきます。この流れでいうと、前期の著書すべてがひとつのシリーズとみなすことが可能です。

この「新しい社会」実現への作業プロセスで、「マネジメント」は編み出されました。つまりドラッカーにあってマネジメントは、「人と社会」のためのこの上なく強力なツールにほかなりませんでした。前期の全体的な世界観は自らの理想の実現に向けていかに建設的に行動していくかを問うものであり、およそ躍動感あふれる明るいムードにおおわれています。これに対し後期は、前期の「新しい産業社会」構想への疑念をきっかけに、それを否定するところからはじまっています。前期の起点であり全体的な世界観となっているのが『産業人の未来』であれば、後期のそれは『断絶の時代』です。

このようなドラッカーにおける世界観の変遷について、前期（『シュタール』（１９３３）～『新しい社会と新しい経営』（１９５０））、転換期（『現代の経営』（１９５４）～『経営者の条件』（１９６６））、後期（『断絶の時代』（１９６９）～没年）と３つに整理してまとめると、次のようになります。

ドラッカーにおける世界観の変遷

時期	前期ドラッカー	転換期ドラッカー	後期ドラッカー
思想的・哲学的土台・前提	モダン	モダン→ポスト・モダン	ポスト・モダン
社会構想：「新しい社会」論	「新しい産業社会」論	「新しい産業社会」論への懐疑と、それにかわる「新しい社会」構想の模索	多元的知識社会論：（知識社会論／多元社会論）
社会構想の意図	望ましい社会：「新しい産業社会」の建設	未知の社会：「変転の時代」の認識	来るべき社会：多元的知識社会への対応と創造
社会へのアプローチ	「社会の純粋理論」二要件の充足	さしあたり「社会の純粋理論」二要件の充足	マネジメント（「社会の純粋理論」二要件の自力充足）
背景	戦後世界の構想	戦後世界の出発	不確実性増大の時代
社会構想の焦点	発展	変化の予見	変化への対応と創造

全体的なムード	明	混沌	暗
めざすべき人間像	「自由人」としての産業人（ただし、あくまでもスローガン）	―とくに措定なし― 後の「知識労働者」的な存在への着目	「自由実現人」としての知識労働者（後に細分化し、バリエーションをみせる）
マネジメント	誕生前	誕生	誕生後
社会の中核をなす制度	企業（正確には大企業）	マネジメント	マネジメント
中核的な資源	―措定なし―（産業社会でのものを前提）	―措定なし―（産業社会でのものを前提）	知識
歴史観	―措定なし―	―措定なし―	知識史観
政治	―措定なし―（多元主義ながら、明示せず）	―措定なし―（多元主義ながら、明示せず）	多元主義
対立するイデオロギー	全体主義（とくにナチズム）	社会主義／共産主義	社会主義／共産主義 ↓ソ連崩壊後は措定なし

『断絶の時代』（１９６９）にはじまる後期ドラッカーの全体的な世界観は、増大する不確実性にいかに対処し成果を自分のものとしていくかを問うものであり、前期ドラッカーに比しておよそ不安感漂う陰鬱なムードにおおわれています。しかしそこにおいても自分を信じて行動すれば、明るい未来を切り開いていけるという啓発的な言明が陰に陽に見受けられます。実に「本書は行動の書」、「行動せよ」といった言葉が、後期の著書序文にはよく登場します。

後期の中心的論点は、この不確実性増す社会＝「多元的知識社会」にいかに対応していくかということなのです。したがって変化をめぐる認識と行動が考察の中心となります。そこでの姿勢は後期のもうひとつの特徴でもありますが、脱近代すなわちポスト・モダンに立つことにあります。前期のめざすべき社会たる「新しい産業社会」構想への疑念と否定とは、近代合理主義の限界を察知し、そこからの脱却をはかるポスト・モダンにほかならないのです。

前後期それぞれの「マネジメント」観のちがい

くわえて前期と後期を分かつ大きな違いのひとつに、「マネジメント」の存在があります。転換期をふくめた前期がマネジメントの発見と提示の時期であれば、後期はマネジメントの完成と応用そして昇華の時期です。前期のメインはあくまでも社会論であってマネジメントはその副産物として転換期に編み出されたにすぎませんが、後期はしだいにマネジメントを軸に社会論を展開するようになっていくのです。

かくみるかぎり、ドラッカー思想における前期と後期の転換・断絶が強調されてしまうことになりますが、必ずしもそうではありません。『断絶の時代』（１９６９）での「多元的知識社会」論の提示はドラッカー思想の転回は意味しても、断絶までは意味しないからです。「変転の時代」に対する強い意識から、人間を取り巻く社会がふたたびとらえなおされた結果であって、底流にはやはりメイン・テーマたる「自由」「自由で機能する社会」すなわち「新しい社会」の実現が脈動しています。ドラッカーにおいて社会構想の転回が意味するのは、移りゆく現実にあっていかに行為していくべきなのかを追求するがゆえでした。すなわち行為主体たる人間により焦点を合わせた結果なのです。

方法論的・理論的な点でみれば、前期が土台を築いた時期とすれば、後期はそれをもとに応用問題を解きつづけていった時期とみることができます。前期（転換期）・後期という区別はあくまでも社会構想に関する便宜的なものであって、人間と社会・文明を見据えるドラッカー思想は首尾一貫していると断言できます。

【後期ドラッカーの三大トピック】

後期ドラッカーの主要論点は、多元的知識社会、知識、知識労働者、グローバリゼーション、生産性の向上といったところです。これらに属する具体的なトピックでもっとも頻繁にとりあげられたのは、およそ①国家、②知識労働者、③マネジメントの3つに集約できます。これらのうち、③マネジメントはいうまでもありませんが、ほかのふたつはドラッカーにとって特別な意味をもっています。

①国家は『明日への道標』(=『変貌する産業社会』)(1957)以来、近代国家の意義と役割、とりわけ限界について事あるごとに論じられています。そもそも真の処女作『シュタール』(1933)が国家をあつかったものであり、ナチス全体主義を糾弾するドラッカーにとって国家とは特別な意味をもった存在としてありました。メイン・テーマでかかげられる「自由」も、法学・政治学の領域では一般に「国家からの自由」を意味する点で注意が必要です。

②知識労働者は多元的知識社会における新しい人間像であり、その概念と意義、あり方をめぐって考察は常に進化・発展していきました。いわばこれからのあるべき人間個人の姿を表現したものこそ、知識労働者なのです。

ドラッカーにおける知識労働者の端緒は古く、『会社の概念』(=『企業とは何か』)(1946)で「産業中間階級」と位置づけられた職長にもとめられます。しかしさらにさかのぼってみれば、実は『経済人の終わり』で模索された「経済人」にかわる人間像、すなわち『産業人の未来』(1942)での「産業人」にまで行き着く根本的な問題としてありました。

これら国家と知識労働者について、ドラッカーは没するまでの終生にわたってきわめて執拗に説きつづけました。よりくわしい考察は、拙著『ドラッカー研究――思索の展開と焦点』（２０２２）の第Ⅱ部を参照してください。

世界情勢と著作の変遷

ここで「社会生態学者ドラッカー」がその生涯で傍観した世界情勢を、改めて簡単にふりかえっておきましょう。

幼少期に第一次世界大戦を目の当たりにし、青年期が世界大恐慌発生と全体主義が台頭した戦間期にちょうど当たります。この間、20代前半から本格的な文筆活動をはじめ、事実上の処女作『経済人の終わり』（１９３９）の刊行は30歳のときでした。30代後半で第二次世界大戦が終結し、自由主義世界への全体主義の脅威は消えましたが、新たな冷戦構造の登場によって資本主義と社会主義・共産主義のにらみ合いが長らくつづきました。それも１９９１年のソ連崩壊によって、資本主義の勝利で決着したかにみえました。そして21世紀にいたり、アメリカ同時多発テロや中国の世界的な存在感の増大などが生じています。

この流れでみると、『断絶の時代』（１９６９）を画期とする後期は、冷戦真っただ中からソ連崩壊を経て21世紀初頭までの期間が該当します。したがって当然、それらに対する言及が多くなります。後期における社会論の主な展開を整理すれば、『断絶の時代』（１９６９）→『見えざる革命』（１９７６）→『乱気流時代の経営』（１９８０）→『新しい現実』（１９８９）→『ポスト資本主義社会』（１９９３）→『ネクスト・ソサエティでの経営』（＝『ネクスト・ソサエティ』）（２００２）、となります。

『断絶の時代』（１９６９）での問題意識を起点に、その補足的な問題提起が『見えざる革命』（１９７６）で行われ、それら問題意識に関する定点観測が『乱気流時代の経営』（１９８０）、『新しい現実』（１９８９）で行われ、『ポスト資本主義社会』（１９９３）で大きくまとめあげられたという流れです。『ポスト資本主義社会』は、後期のみならずドラッカー生涯の総決算・集大成といえる内容をほこっています。事実上の絶筆『ネクスト・ソサエティでの経営』（＝『ネクスト・ソサエティ』）（２００２）はあくまでも『ポスト資本主義社会』の延長戦であり、同書の補足も兼ねたコンパクト版と位置づけられるでしょう。

これら後期社会論の展開と並行して、後期マネジメント論にも若干ながら展開が認められます。生涯にわたる全マネジメント論の主要著書の展開を整理すれば、『マネジメントの実践』（＝『現代の経営』）（１９５４）→『成果をめざす経営』（＝『創造する経営者』）（１９６４）→『有能なエグゼクティブ』（＝『経営者の条件』）（１９６６）→『マネジメント』（１９７３）→『イノベーションと企業家精神』（１９８５）→『非営利組織の経営』（１９９０）、となります。
『マネジメントの実践』（１９５４）から『成果をめざす経営』（１９６４）、『有能なエグゼクティブ』（１９６６）を経て、後期初頭の『マネジメント』（１９７３）でドラッカーにおける「マネジメント」は理論的な完成をみました。理論的に完成されてしまったがゆえに、以後のマネジメント論に画期的な発展といえるほどのものはありません。目立ったものには『イノベーションと企業家精神』（１９８５）、『非営利組織の経営』（１９９０）がありますが、いずれも既存マネジメント論の補訂・改良と重心移動といったところです。

著書といっても後期はほとんどが社会評論書や論文集であるため、後期マネジメント論は主に社会論と一体化したなかで論じられることも多いです。そこでは理論的な発展というよりも、むしろ思想としての昇華が認められます。以下ではまず社会論の著書をとりあげ、その主たる展開を追っていきます。

【後期の論文集：　諸論文を著書化する手法】

ドラッカーによれば、既発表論文のなかから、共通の問題意識に根ざしたものを集めて一冊にまとめる手法をとるようになったといいます。

出版社のＴ・Ｍ・タリーのアイディアと断ったうえで、ドラッカーはこの手法によるものとして、『変貌するエグゼクティブの世界』（＝『変貌する経営者の世界』）（１９８２）、

『マネジメント・フロンティア』（1986）、『未来への経営』（＝『未来企業』）（1992）、『大変革期の経営』（＝『未来への決断』）（1995a）をあげています（Drucker（1995a）pp.354-355、上田他訳x頁）。後の『ネクスト・ソサエティでの経営』（＝『ネクスト・ソサエティ』）（2002）も、同様のもののようです。

Ⅲ　社会論

1　『断絶の時代――われわれの変わりゆく社会への指針』（1969）、『見えざる革命』（1976）

『断絶の時代』（1969）

【主要もくじ】
序文／第1部　知識技術／第2部　国際経済から世界経済へ／第3部　組織社会／第4部　知識社会／結論

本書は一般に後期ドラッカーの起点と位置づけられます。前期ドラッカーとは異なる枠組みとアプローチによって考察がすすめられていくからです。タイトルにあるように、「断絶（不連続）」（discontinuity）が真正面からとりあげられています。これは「社会生態学者ドラッカー」当初からのアプローチ、「継続と変革の相克」そのものにほかなりません。つまり本書は彼の基本的な視点、問題意識およびアプローチがきわめて端的にあらわれたものということができます。

もとよりそれは傍観者としての姿勢、すなわち「移ろいゆく人間と社会のあるがままをとらえ、それを人間・社会の本質に照らして書き記していく」ものでもあります。しかし正直いって、「断絶の時代」というタイトルはわかりにくいです。ドラッカーに慣れ親しんだ人でも、その意図するところを理解するのは容易ではありません。本書の文明史的なアプローチが、あまりにも壮大かつ独創的にすぎるからです。ドラッカーに慣れ親しんでいなければ、なおさらでしょう。

ドラッカーの数ある著書は未来志向的で建設的な明るさに満ち、意欲ある心を鼓舞するものが多いです。他方でそういったものとは別に、不安をかき立てる暗いムードの著書も少なくありません。本書や『経済人の終わり』（１９３９）などとくに問題提起的な書がそれですが、その特徴としてはとりわけ傍観者的な傾向が強く、あるがままの現状が淡々と重く深く叙述されていくスタイルとなっていることです。

『断絶の時代』の概容

本書『断絶の時代』（1969）は「序文」にはじまり、本論4部17章に「結論」をくわえて383頁からなる大著で、社会論の著書としてはドラッカー最大級のボリュームをほこっています。初版「序文」で本書の意図を、「まだ明確にあらわれてはいない断絶が、経済・政治・社会の構造と意義を変革しつつあるということを早めに知らせる」（Drucker(1968) p.ix、林訳（1969）5頁）ことにあるとし、対象となる主要な断絶4つを概説しています。そしてこれら4つの領域が、そのまま本書の4部の構成となっています。

4つの主要な断絶とは、知識技術と産業、世界的な経済の枠組み、社会構造、知識をベースとする社会のことですが、もとよりそれらを規定するのは「知識」(knowledge) 概念です。この「知識」については、まず第1部でその原理的な意義と直接的な影響が述べられ、最後の第4部で社会的な意義と影響が述べられています。本書刊行時の1960年代は、未来論がさかんでした。そこでの大きな論点はポスト産業社会論としてのものであり、本書もそうした時代の趨勢のなかに位置づけられます。

本書のドラッカーも、このような同系統の未来学者（フューチャリスト）にしばしば言及しています。ただしそれは、それら未来学者と自らは一線を画するとの言明です。すなわちドラッカーによれば、本書は趨勢を予測するのではなく、断絶をあつかう。明日を予測するのではなく、現在を直視する。「明日はどうなっているか」を問うのではなく、「明日をつくるために今日いかにとり組まなければならないか」を問うものです。つまり本書の意図するところは望ましい未来に向けた行為実践のあり方であり、そのための指針としての未来ビジョンの提供にあります。

この未来ビジョンについて後に語ったところによれば、ドラッカーは統計的な数字を解釈することによって「すでに起こった未来」を発見するといいます。したがって彼の未来への視点は「予測」ではなく「予見」、つまり趨勢をあらかじめ見通していたといった方が適切でしょう。また、ここにいう行為実践とは「マネジメント」にほかならず、彼の未来予見があくまでも具体的成果達成とワン・セットとなっていることが認められます。

後期ドラッカーの起点

かくみるかぎり、本書『断絶の時代』（１９６９）は「文明の書」「ポスト・モダンの書」「ポスト産業社会論の書」であり、さらに「未来予見の書」であるとともに「行動の書」でもあります。社会論からさらに文明論の書としてみても、文明史を一望のもとにおく大パノラマ的視点と、時代の核心に切り込んでえぐり出す鋭利なセンスは、壮大なスケールとともに類まれなオリジナリティを併せもっています。

また、これまでアメリカを軸とする国際経済観が想定されていましたが、本書では新たに「世界経済論」として展開されます。これは今日でいうグローバル経済論[7]にほかならず、アメリカの存在を相対化し、国家的枠組みを超えた地球全体の視点に立つものです。

社会構想の転回という点で本書は前期の著書群を否定したかにみえますが、むしろそれまでの人間観・社会観をさらに深く大きく練りあげて独創的な文明論にまで高めており、それまでの思索の集大成・総決算という性格をも有しています。まさに還暦時ドラッカーの充実ぶりが感じられる超大作です。

後期ドラッカーの起点としてみれば、「知識」への考察が原論としてすえられ、それを軸に現在が歴史的潮流の転換期にあるという視点が大きく設定されています。そして従来にかわる世界観すなわち新たに登場しつつある政治・経済・社会の状況が提示されます。未来への不確実性は増すばかりであるが、そのなかにあってカギを握るのは知識である。変転の時代においてこの知識をいかにとらえ、いかに活用していくかが最大のポイントであるという形になっています。本書以降の展開は、まさにこの知識のあつかい方をめぐる社会論でありマネジメント論にほかなりません。

『見えざる革命——いかにして年金基金社会主義がアメリカに到来したか』（1976）

【主要もくじ】

1　だれも気づかなかった革命／2　年金基金社会主義：成功による諸問題／3　年金基金社会主義における社会的制度と社会的論点／4　年金基金社会主義の政治的教養と政治的問論点／5　アメリカ政界における新しい提携

時代を先取りしすぎたドラッカー

『断絶の時代』（１９６９）から7年後に刊行された本書は「経営学者ドラッカー」のみならず、「未来予見者ドラッカー」の名を一躍世に知らしめました。『断絶の時代』も時代の趨勢を読み解く「未来予見の書」ではありましたが、難解で一般受けするようなものではありません。今日からみれば時代を先取りしすぎており、刊行当時であれば、その含意を汲みとるのはさらに困難なことだったでしょう。

対する本書『見えざる革命』には、一般受けするインパクトがあります。冒頭の「「社会主義」を「労働者による生産手段の所有」と定義する（これは正統かつ唯一の厳密な定義である）ならば、アメリカこそ史上初にして唯一の真の「社会主義国」というべきである」(Drucker (1976):1997) The Pension Fund Revolution, Transaction Publishers,Introduction to the Transaction Edition(1996) p.1、佐々木・上田訳（１９７６）２頁）は、あまりにも衝撃的でした。戦後東西冷戦のつづくなか、この一言で当時の日本の読者は心を鷲づかみにされたことでしょう。

しかし後期ドラッカーの展開のなかでみれば、本書はあくまでも『断絶の時代』の補足的な著書と位置づけられます。本書刊行の背景には、1974年にエリサ法（Employee Retirement Income Security Act; 従業員退職所得保障法）が制定されたことがあります。初版刊行同年に寄せた「日本語版への序文」でドラッカーは本書にはふたつのテーマがあるとして、①アメリカ経済の所有者としての年金基金の登場、②アメリカにおける人口構造の変化の意味、をあげています。

ただし後に彼自身が述べているように、あくまでも本書は問題提起の書であって、明確な解答までは示されていません。つまり後期の起点『断絶の時代』でとりあげられなかった上記2論点が、後期の問題意識として本書で追加的に提示されたとみなしうるのです。とりわけ②について後続書につながる部分として指摘できるのは、少子高齢化による生産性向上を知識社会の至上命題とする視点が打ち出されていることです。

なお本書は「知識労働者」の語こそ登場するものの、『断絶の時代』すなわち後期全体の世界観＝「多元的知識社会」論があまり明確にあらわれていません。この点で、後期著書群のなかでは異質です。

2 『乱気流時代の経営』（1980）、『新しい現実』（1989）

乱気流時代の経営（１９８０）

【主要もくじ】

雑多な社会評論のはじまりの書

『断絶の時代』（１９６９）から『見えざる革命』（１９７６）を経て、後期ドラッカーの主要論点は出揃ったといってよいでしょう。以後の社会論系の著書は、基本的にそれら諸論点の定点観測と進化・発展です。しだいに著書は多くの論点に説きおよぶ社会評論的なものとなっていきますが、そうした雑多なはじまりにあたるのが本書です。

本書にいう「乱気流」(turbulence) とは、不規則で一定せず、順調にすすまないものとされます。しかしドラッカーはその根本的な原因は分析し予測し、マネジメントされうるものであるとします。

「乱気流」をキー・ワードにまとめられていますが、一著書としてみれば焦点が定まっていない感が強いです。『断絶の時代』（１９６９）および『見えざる革命』（１９７６）の定点観測としては、次のことがあります。まず歴史的な断絶にある大変化の時代を「乱気流」と表現し、認識を深めていることがあります。そのうえで、この変化は一筋縄ではいかない不規則なものながらも、マネジメントしうるものであるとします。これは、マネジメントの対象に変化もふくまれることを意味します。不確実性増す未知の「多元的知識社会」にあって、その指針となりうる機能としてマネジメントへの認識を深めるものといえます。

そしてその関連で、知識労働者の生産性向上を最重要課題として、イノベーションに注目していることがあげられます。その他、グローバル経済の到来にともなう政治的な枠組みの変更などもみられます。多くの論点は、後の『新しい現実』（１９８９）でより明確な形でまとめられるところとなります。

『新しい現実――政府と政治・経済学とビジネス・社会と世界観』（１９８９）

【主要もくじ】
序文／第１部　政治的現実／第２部　政府と政治プロセス／第３部　経済、環境問題、経済学／第４部　新しい知識社会／結論　分析から知覚、新しい世界観へ本書はまさに『断絶の時代』（１９６９）の20年後の定点観測といえる内容となっています。『マネジメントの実践』（＝『現代の経営』）（１９５４）からおよそ20年の時を経て『マネジメント』（１９７３）が生み出されたように、『断絶の時代』があってはじめて本書『新しい現実』も生みだされました。

20年間の断絶が生み出した世界

本書のドラッカーによれば、『断絶の時代』での予見すべてが現実のものとなったのであり、本書はこの20年間の断絶が生み出した世界をあつかいます。そしてここでも未来予測の書ではないことを強調し、あくまでも明日を考えつつ、今日何をすべきかに焦点を合わせたものだとします。未来ではなく、新しく現実となった現在を書いたものだというのです。

マネジメント書の『イノベーションと企業家精神』（１９８５）を経ていることもあって、『乱気流時代の経営』（１９８０）での考察を受け継ぎながらも、内容的には同書よりも洗練されています。先進国および発展途上国にわたる政治や政府、社会や経済や経済学、社会的機関や教育といった社会の上部構造をあつかい、しかも歴史的視点が重視されています。したがって基本的な視点は、やはり『断絶の時代』と同様とみてよいでしょう。

ただし、知識技術そのものはほとんど論じられていません。つまり同書との対応関係でいうと、原論にあたる知識技術はさておき、あくまでもその後の目にみえた変化・現象すなわち「新しい現実」に本書の焦点は大きく合わされています。やはり同書の定点観測といえます。

内容はきわめて多くの論点に説きおよんでおり、全体としてやはり雑多な印象はぬぐえません。しかしひるがえってみれば、「新しい現実」をキー・ワードにうまくまとめられているともいえます。『乱気流時代の経営』から発展した部分もありますが、構成その他でみても同書より内容的に完成されています。

ドラッカーは、本書があつかった「新しい現実」は「形態的なもの」すなわち知覚しうる認識単位なのだといいます。新しい多元主義の動的不均衡状態、たとえば多層的なグローバル経済と地球環境問題、新しい「教育ある人間」モデルの提示など、いずれも全体としての知覚にかかわる問題です。

『断絶の時代』(1969)との対応関係でみれば、多元主義(政府の限界・大きな政府、NPO、労組)、グローバル経済化、経済学の限界、知識社会(教育ある人間、学校の役割)などは同様の論点です。その後の変化を織り込みながら、若干の修正および重心移動はあるものの、基本的な主張はそれほど変わっていません。新たな論点としては、環境問題、情報化があります。また、本書はソ連崩壊予言の書としても知られますが、はたして見事的中とまでいっていいものなのかどうかは何ともいえません。崩壊までの期間はある程度の長さで設定されており、外れたとはいえないぐらいのものと解されます。

こうしてこれら後期社会論のむすびともいえるポジションに、『ポスト資本主義社会』（1993）があります。しかも同書は、後期社会論のみならずマネジメント論をもふくめたドラッカー生涯の総決算・集大成というべき内容を有しています。したがって、次に後期マネジメント論の展開を検討したうえで、最後に同書におけるドラッカーの後期ならびに最終的な到達点をとらえていくこととしましょう。

【未来予見者ドラッカー】

ドラッカーは、「未来学者」（フューチャリスト）とよばれることもありました。予測が的中したものとして有名なのは、①第二次世界大戦でナチス・ドイツとソ連が手を組む（『経済人の終わり』）、②行政機能の民営化（『断絶の時代』）、③少子高齢化社会の到来（『見えざる革命』）、④ソ連の崩壊（『新しい現実』）などがあります。

そもそも『断絶の時代』、『見えざる革命』、『ポスト資本主義社会』、『ネクスト・ソサエティ』といった多くの著書が、時代の流れを大きく指し示すものでした。ドラッカーは「時代の診断者」として、これから先を読み解き、未来への方向性を提供してくれる存在でもあったのです。

ただし②などはドラッカーの予測が的中したというよりは、むしろ彼の主張が時代にとり入れられたといった方が適切でしょう。ドラッカーが時代をつくったのであり、また時代がドラッカーに追いついたのです。

ドラッカー自身は、「未来学者」であることを頑なに否定しました。問題意識「継続と変革の相克」から導かれるのは、「望ましい未来のために今何をなすべきか」という現在の行動であり実践です。こうしたアプローチが行き着くものこそ、最終的には「マネジメント」の概念にほかなりません。上記の②などは、まさにドラッカーだからこそできたことです。単なる「未来学者」と一線を画するという意味で、「未来予見者」といった方が適切かと思います。

他方、ドラッカーの予測については、①〜④など的中したことが大きくクローズアップされがちです。たしかにこれは至難の業であり、ドラッカーをして稀有の存在たらしめています。ただし大きく外れたものも少なくありません。ドラッカーを読むにあたっては、この点もしっかりふまえておく必要があります。

Ⅳ　マネジメント論

1　『マネジメント——課題・責任・実践』（1973）、『イノベーションと企業家精神——実践と原理』（1985）、『非営利組織の経営——実践と原理』（1990）

『マネジメント』（１９７３）

【主要もくじ】
序文　専制にかわるもの／イントロダクション マネジメント・ブームからマネジメント・パフォーマンスへ／第１部　課題／第２部　経営管理者：仕事、職務、スキル、組織／第３部　トップ・マネジメント：　課題、組織、戦略／結論：　マネジメントの正当性

「経営学者ドラッカー」の真の確立

新しいマネジメントが誕生したのは、『マネジメントの実践』（＝『現代の経営』）（１９５４）でした。学習できる知識体系すなわちサイエンスとして、マネジメントは「学べばできる」ものになったのです。同書を起点として、マネジメント論は大きく発展していくことになります。そもそも起点たる同書の存在じたいが大きく、まずそこからスピン・オフした個別領域の展開がみられました。『成果をめざす経営』（＝『創造する経営者』）（１９６４）での事業戦略論、『有能なエグゼクティブ』（＝『経営者の条件』）（１９６６）での個人のマネジメントいわゆるセルフ・

マネジメントがそれです。これらのいずれも、ドラッカーが端緒ないしは先駆といっても間違いではない視点・領域でした。

そして大きく進化・発展したこれらの成果をふたたびとり込む形で著わされたのが、生涯の大著『マネジメント——課題・責任・実践』(1973)です。「序文」にはじまり、「イントロダクション」3章と本論3部58章に「結論」をくわえて、全61章811頁からなっており、ボリュームのうえでもドラッカー最大の書です。『マネジメントの実践』からおよそ20年の時を経て刊行された本書は、「実践」(practices)に「課題」(tasks)、「責任」(responsibilities)がつけくわえられ、まさにマネジメントを企業のみならず組織体全般に適用する普遍的なものと決定づけたのです。

とりわけ『マネジメントの実践』との最大の違いは、「多元的知識社会」「知識労働者」を前提にマネジメントが位置づけられている点にあります。またマネジメントの対象が企業から、企業のみならずNPOその他組織体全般へと拡大しています。さらに同書における「秩序論」から「責任論(自己責任論)」への重心移動は、本書において決定的となりました。自ら行為する=「責任ある選択」を行う「マネジメント」をドラッカーは咀嚼し、自らの血肉としたのです。

ここに「経営学者ドラッカー」は、真の意味で確立しました。しかし、それ以外の基本的な考え方や手法では、両著にさほどの違いは認められません。概念的な洗練化と熟成化、論点の総合的な体系化を経て、本書『マネジメント』においてマネジメントが理論的な完成をみました。後のドラッカーは「マネジメントの決定版」と自負しますが、まさにそれに見合うだけの充実ぶりをほこっています。ここにドラッカー・マネジメントは経営学史に不動の地位を占め、その名を不朽のものとしたのです。

【『現代の経営』と『マネジメント』】

●両著は基本的な部分で変わりませんが、前提となる社会観とマネジメントの対象が異なります

『マネジメントの実践』：　前提は産業社会、マネジメントの対象は企業

『マネジメント』：　前提は多元的知識社会、マネジメントの対象は企業のみならず組織体全般

●「秩序論」から「責任論（自己責任論）」への重心移動が完成

後のドラッカーは、『マネジメントの実践』を読みやすくて意欲をかき立てるもの、『マネジメント』を総括的な決定版と位置づけています。

『マネジメント』における二要件問題の決着

他方、マネジメントの理論的完成の意義は、ドラッカーにおいてそれのみにとどまるものではありませんでした。初版「序文　専制にかわるもの」で彼は、責任をもって業績をあげるマネジメントこそが専制（≒独裁）[8]にかわるものであり、われわれが専制から身を守るための唯一の策である、と述べます。つまりメイン・テーマ「自由」＝「責任ある選択」ひいては「自由で機能する社会」を実現する存在としてマネジメントを明確に位置づけるのです。

【『マネジメント』における「マネジメント」の概念】

仕事。機関。自らが経営する制度に命を吹き込む、能動的かつダイナミックな機関。規範（学問）(discipline)。組織化された知識の集まり。課題。人 (people)。実践。その他。

そしてそれを裏づける大きな論点として、「社会の純粋理論」二要件問題が本書で一応の決着をみていることがあります。『産業人の未来』（１９４２）で定式化された二要件は、①「人間一人ひとりに社会的な地位と役割を与えること」（コミュニティ実現問題）、②「社会上の決定的権力が正当であること」（権力正当性実現問題）でした。

これら二要件問題は『新しい社会』（＝『新しい社会と新しい経営』）（１９５０）から『マネ

ジメントの実践』（＝『現代の経営』）（1954）において、行為主体を軸とした実践アプローチへと進化していました。すなわち①「人間一人ひとりに社会的な地位と役割を与えること」は「人間一人ひとりが、社会的な地位と役割を自ら獲得すること」（コミュニティ実現化問題）へ、②「社会上の決定的権力が正当であること」は「社会上の決定的権力を正当なものにしていくこと」（権力正当性実現化問題）へと進化したのです。

「結論：マネジメントの正当性」でドラッカーは、次のように述べます。業績をあげるだけでは正当性の根拠として従来は不十分であった。経営者が正当な権限者として是認されるために必要なのは、「道徳律」である。道徳律の根拠は、組織の目的と特性、および制度それじたいの本質におかなければならない。そしてそれこそが「人間の強みを生かすこと」である。組織というものが、人間個人がコミュニティのメンバーとして貢献・達成するための手段であるならば、彼ら個人の強みを生かしてやることが組織の目的でありマネジメント権力の基盤となる。それは資本主義の原理「私人の悪徳は公共の利益になる」とは異なる基盤である、と。

こうしてドラッカーは、マネジメントを担う経営者は「公人」でなければならないと述べます。組織の道徳的責任すなわち人間個人の強みを生かす責任をもった「公人」でなければならないとして、本書をむすんでいます。

ここでは二要件問題が、そのまま論じられているわけではありません。形式的には要件②「権力正当性実現化問題」のみが論じられていますが、内実にあるのは「人間個人の強みを生かすこと」すなわち要件①「コミュニティ実現化問題」の視点にほかなりません。一人ひとりに自らの居場所（地位と役割）で個性を存分に発揮させ、機能させるというものです。いわば要件②「権力正当性実現化問題」に要件①「コミュニティ問題実現化問題」が集約され、前者の充足が後者の充足にかかっているとされるのです。

　自律的な諸組織の目的を社会的な道徳律にすえ、この社会的な道徳律を「人間個人の強みを生かすこと」とする。ここにおいてマネジメントは真の意味で社会制度となるとともに、社会もまた真の意味で「機能する社会」となることができる、というわけです。

　ドラッカーがめざしたのは「私人の悪徳は公益になる」社会ではなく、「人間一人ひとりの強みが公益になる社会」でした。それこそが、経済至上主義の資本主義社会にかわる非経済至上主義の「新しい社会」なのです。ここに二要件の充足はそれぞれ別々に達成されるのではなく、互いの有機的な連関によって同時達成されるという方向性が示されたのです。そしてそれを担うものこそ、「マネジメント」ということになります。

　つまり二要件問題は、ドラッカーにおいて「マネジメントのあり方」という形で締めくくられたといえるでしょう。「マネジメント」が社会上の決定的な権力主体として、メンバー一人ひとりの強みを社会の利益としていけるかどうか、いや何としてもマネジメントにこそやってもらわなければならないという強い期待です。期待というよりは、決意あるいは信託といった方が適切かもしれません。この信託をもって、むすびとされたのです。

【「社会の純粋理論」二要件問題の決着】

「マネジメント」の正当性（要件②「権力正当性実現化問題」）は、「人間個人の強みを生かすこと」（要件①「コミュニティ実現化問題」）ができるか否かにかかっている。

←

「マネジメント」が社会上の決定的な権力主体として、メンバー一人ひとりの強みを社会の利益としていけるかどうか

※「新しい社会」の実現は、「マネジメント」のあり方にかかっている。

このように本書でマネジメントは理論的に完成されるとともに、ドラッカー生涯のメイン・テーマ「自由」「自由で機能する社会」実現に向けた象徴にして強力な武器とされました。このマネジメントを拠り所として所説を展開していくのも、後期ドラッカーの大きな特徴です。本書以降のマネジメント書は、ドラッカーにとってみれば応用問題を解きつづけていったというところでしょう。

事実『マネジメント』（１９７３）以降の後期で厳密な意味でマネジメント書といえるのは、せいぜい『イノベーションと企業家精神』（１９８５）と、必ずしも完成度が高いとはいえませんが『非営利組織の経営』（１９９０）くらいのものです。[9] 前書でイノベーション論およびその枠内で戦

略論が、後書でＮＰＯマネジメント論がそれぞれ展開されたのです。いずれも本書『マネジメント』での視点を発展させたものであり、あたかも『マネジメントの実践』（＝『現代の経営』）（１９５４）から『成果をめざす経営』（＝『創造する経営者』）（１９６４）と『有能なエグゼクティブ』（＝『経営者の条件』）（１９６６）がスピン・オフしたのを彷彿とさせます。

『イノベーションと起業家精神――実践と原理』（１９８５）

【主要もくじ】
序文／イントロダクション：　企業家経済／Ⅰ イノベーションの実践／Ⅱ 企業家精神の実践／Ⅲ 企業家的戦略／結論：　企業家社会

本書は、少子高齢化社会における生産性向上という課題解決のためにイノベーションに注目したものです。『マネジメントの実践』での「事業の目的は顧客の創造であり、そのために必要な機能はマーケティングとイノベーションである」との至言について、ドラッカー自身がイノベーションの具体的な手法を体系化したのです。

イノベーションの体系的な実践書

イノベーションの体系的な実践書として、イノベーションの諸機会の発見とそれを生かす基本的な戦略パターン、そしてそれらを行ってイノベーションを実現する組織主体のあり方が論じられています。焦点は経済にあるとしながらも、社会的なイノベーションの必要性が強調されています。イノベーションを行う組織主体にはベンチャーのみならず、既存大企業や公的サービス機関がふくまれており、また「企業家社会」をもって結論としています。厳密な意味でのマネジメント論の著書としてみても、本書は高い充実度・完成度をほこっています。イノベーション実現のための実践的手法が、明確かつ体系的に網羅されているのです。

本書はイノベーション実現に焦点を合わせた技術論ではありますが、それだけにとどまるものではありません。ドラッカー自身「実践の書ではあるがハウツーものではない」と述べているように、本書における技術論の底流には人や社会に対する彼独自の哲学とアプローチが一貫しています。『マネジメントの実践』が、単なる技術論の書でないことと同様です。

本書は、これまでのマネジメント論をイノベーション実現という形で新たに結実させたものといえます。換言すれば、「マネジメント」という各行為主体に立つアプローチが、自らさらに積極的に働きかけていく動態性をもったものへと進化したのです。もとより本書はシュムペーター に依拠していますが、イノベーション論を経済学ではなくマネジメント＝経営学のものとして確立させた点で画期的です。

なお蛇足ながら、本書では「知識社会」「知識労働者」の語があまり登場していません。この時期のドラッカーの著書としては珍しいことです。

『非営利組織の経営――実践と原理』（1990）

【主要もくじ】
序文／第1部　使命が第一：そしてリーダーとしての役割／第2部　使命から成果へ：マーケティング、イノベーション、資金開拓のための効果的な戦略／第3部　成果をめざす経営：成果をいかに定義するか、いかに測定するか／第4部　人事と人間関係：職員、理事会、ボランティア、コミュニティ／第5部　自己開発：人として、エグゼクティブとして、リーダーとして

非営利部門への重心移動

本書は、文字通り企業以外の非営利組織（NPO）にマネジメントを適用したものです。ここには、NPOやコミュニティ・グループを長きにわたってコンサルティングしてきたドラッカー

自身のキャリアと知見がいかんなく発揮されています。

当初からの問題意識「新しい社会」の実現という点でみれば、本書はドラッカー生涯の問題意識をもっとも端的にあらわしたものともいえます。後期ドラッカーの枠組みでいえば、多元社会におけるＮＰＯの重要性の増大に対応したものです。

また時代的な背景としてみれば、頻繁なＭ＆Ａにより１９８０年代のアメリカ経済情勢はマネー・ゲームの様相を呈していたことがあります。人や社会をないがしろにした企業の繁栄に対して、人が生きる場としてのコミュニティの確保や人間性・市民性の回復が大きな課題となっていましたが、本書はそれに対応したものといえます。実際、ボランティアの多いアメリカでは、ＮＰＯはまさにコミュニティとして人間性・市民性回復の場となっており、その成功のカギを握るものとしてマネジメントは大きな意義を有します。この流れをいいかえるならば、私益しか追いもとめなくなってしまった企業のマネジメントに嫌気をさしたドラッカーが、彼本来の目的意識にそってマネジメント論の舵をとりなおしたということです。

一著書としてみれば、対談が多く挿入されていて、わかりやすいといえばわかりやすいです。内容はＮＰＯ特有の状況をふまえて述べられてはいるものの、理論的なアプローチとしては『マネジメント』（１９７３）を多少アレンジしただけという感はぬぐえません。非営利部門へのマネジメントの重心移動を明確にしたという点にこそ、本書の有する意義はあるといえます。

2　その他のマネジメント論の展開

自立（自律）した個人としての知識労働者への注目から、ドラッカーは個人のマネジメント、今風にいえばセルフ・マネジメントにも事あるごとに言及しています。[10]

そのはじまりである『有能なエグゼクティブ』（＝『経営者の条件』）（１９６６）ほど体系だったものはありませんが、『非営利組織の経営』（１９９０）、『Ｐ・Ｆ・ドラッカー・中内功　往復書簡②　創生の時』（１９９５）、『21世紀に向けたマネジメントの挑戦』（＝『明日を支配するもの』）（１９９９）でもそれなりの頁数が割かれています。

「強みへの集中」と「リベラル・アート」

そのポイントは「選択と集中を徹底して行い、そこで何よりも個々自らの強みを生かす」ということにあります。この「選択と集中」すなわち「強みへの集中」はドラッカー戦略論の真髄にほかならず、随所でくり返し強調されているところです。「強みへの集中」のためには、まず「何をもって憶えられたいか？」すなわち自らの望む自己像やビジョンを明確化することが必要となります。

具体的には、組織への自らの貢献に焦点を合わせた個人目標を設定し、時間の分析と効果的な配分（タイム・マネジメント）を行い、自らの強みの明確化と選択を行い、もっとも重要なことへ集中していくことになります。こうしたセルフ・マネジメントは知識社会における個人すなわち知識労働者のあり方を論じるものであり、後期ドラッカーにおける「人と社会」をめぐる視点として不可欠なものといえます。

ひるがえってマネジメントじたいの発展について、ドラッカーは次のように述べます。

マネジメントの基本的な職務は変わっていないが、職務の意味そのものが変わってしまった。マネジメントじたいの成功によって、労働力の重心が未熟練労働者から知識労働者に変わってしまったからである。知識社会においては専門化した高度な知識をいかに生産資源に転換するかが焦点となるが、それを実現するのはマネジメントをおいてほかにない。世界的な意味でマネジメントは、ひとつの新しい社会的機能となったのである。今やマネジメントは、イノベーションすなわち変化をもふくむものとして発展した。マネジメントとは実践と実用であるがゆえに技術であり、人と社会にかかわるがゆえに人文科学であり、つまるところは伝統的な意味での「一般教養」（リベラル・アート）[11]なのである。したがってマネジメントを担う者は社会科学や人文科学のみならず、物理科学や倫理学をも身につけなければならない。そしてそれら諸知識を効率と成果にむすびつけ、社会的な諸問題に役立てていかなければならない、と。

この「リベラル・アート」というマネジメント観は、マネジメントを総合科学あるいはそれをも超えた学際知の統合物とするとらえ方です。いみじくもドラッカーは「分析から知覚へ」という視点を提唱しています。これはすでに『明日への道標』（＝『変貌する産業社会』）（１９５７）で登場していますが、従来のデカルト的な機械的世界観から、生物的世界観への移行です。前者は全体を部分からなるとみるところから、分析によって理解する。後者は部分がなくすべて全体とみるところから、そこに意味をみて理解する。前者は分析的な概念のみをあつかってきたが、後者はそれにくわえて知覚的な認識をもあつかう。

そして分析的な概念と知覚的な認識、この両者をバランスさせることがもっとも重要なのだとします。考えることだけでなく、みることも重要である、と。これは知識をふくめた物事全般に対する見方・とらえ方であり、知識を真の生産資源に転換する知識としてのマネジメントそのものに関するものといえるでしょう。

かくみるかぎり後期マネジメント論は、理論的な発展よりもむしろ思想としての洗練化・昇華が認められます。つまりマネジメントはリベラル・アートとして、より高度かつ普遍的な次元へと位置づけられたのです。そしてそれはさらに『ポスト資本主義社会』（１９９３）で、ドラッカーにおいて決定的な次元にまで高められることとなるのです。

V　総決算・集大成としての『ポスト資本主義社会』（１９９３）

【主要もくじ】
イントロダクション：　大変化／第1部　社会／第2部　政治／第3部　知識

84歳で刊行した本書について、ドラッカー自身は『新しい社会』(＝『新しい社会と新しい経営』)(1950)以降の40年以上にわたる仕事をベースとしていると述べていますが、それだけにとどまるものではありません。直接的な論点はそうであっても、本書は彼の生涯の総決算・集大成といってよいほどの内容を有しています。実際、『経済人の終わり』(1939)以来の主要論点が包括的におさめられています。後期の起点『断絶の時代』(1969)からは24年を経ていますが、ドラッカー自身によればその続編ではなく、音楽でいう対位旋律です。「対位旋律」という比喩に込められた意図は音楽に通じていない者には必ずしも明らかではありませんが、対をなすもう一方のもの、一方を意識して成立しうる他方であろうことは推察できます。

ポスト資本主義社会を論じるドラッカーの総決算

『断絶の時代』が分析・描写・診断であったのに対し、本書は行動へのよびかけだといいます。『断絶の時代』でもかなり「行動すること」が強調されていましたが、本書はそれ以上の行動を勧めるということでしょうか。そして歴史の大転換期にある今この現在、新しいポスト資本主義社会がすでに到来しつつある。社会主義・共産主義の崩壊を受けて生き残ったとみなされる資本主義が、ポスト資本主義社会にとってかわられるのである。資本主義の主要機関は存続しつつも、それは反資本主義社会でも非資本主義社会でもなく、まったく新しい異質な社会であるというのです。

内容は社会・政治・知識の三領域で、ポスト資本主義社会の様相がきわめて明確に手際よくまとめられています。『断絶の時代』での主要論点は、そのままです。すなわち多元的知識社会、知識労働者、グローバル経済化、近代国家の限界と変容、既存経済学への批判、知識の生産性問題、知識そのものと教育・学校、知識技術による文明史観などです。

『乱気流時代の経営』(1980)や『新しい現実』(1989)などの諸著書を経ていることもあって、それぞれの論点で内容的な進化・発展がみられます。近代国家については主権国家や国民国家などと表現しながら、その終焉とそれにかわる新たな国家の枠組みが提唱されています。知識の生産性については、その向上を知識社会の最重要課題とし、そのために不可欠なこととして教育と人間のあり方を説いています。実際、ドラッカーは本書のなかでも、むすびにあたる「12 教育ある人間」をもっとも重要とみなしています。

『断絶の時代』(1969)と対位旋律たる本書最大の違いは、その前提にあります。前書は1960年代に盛んであったポスト産業社会論としてのものであり、本書はタイトルそのままに、ソ連崩壊を受けたなかでのポスト資本主義社会論としてのものです。『見えざる革命』(1976)

を例外として、そもそもドラッカーの立論は資本主義と社会主義という枠組みにはありませんでした。あくまでも両者を越えた「非経済至上主義社会」の実現です。これこそ、『経済人の終わり』（１９３９）にはじまる「新しい社会」の希求にほかならなかったはずです。

なぜドラッカーがこの時期にあえてポスト資本主義社会を論じたのか、その意図は必ずしも明確ではありません。ソ連共産主義の崩壊により、資本主義の勝利がいわれるなか、そうした安易な見方に対する警鐘ということでしょうか。ともあれ本書は、一般化・普遍化されてしまった資本主義社会の次に来る社会体制に最大の焦点があります。

「行為への知識適用」としてのマネジメントの発展

本書をドラッカー生涯の総決算・集大成とみなしうるのは、後期の主要論点が網羅されているのみならず、初期から一貫している問題意識やアプローチをも明確に見出しうるからです。わけても特筆すべきは、彼が編み出したマネジメントの位置づけです。「１　資本主義から知識社会へ」では、行為に知識を適用する視点から、知識を軸とした文明の発展史が実に鮮やかに提示されています。第一段階「産業革命」（道具・工程・製品への知識適用、18世紀以降）、第二段階「生産性革命」（仕事への知識適用、科学的管理法以降）、第三段階「マネジメント革命」（知識への知識適用、第二次大戦後以降）、がそれです。

この「行為への知識適用」発展段階は「知識史観」とでもいうべきものですが、まさにマネジメントの発展段階そのものにほかなりません。「所有と労働の分離」をもたらした「産業革命」はマネジメントの端緒であり、「生産性革命」は「所有と経営の分離」をともないつつマネジメントが専門化した本格化の段階、「マネジメント革命」はそのいや増す重責ゆえにマネジメントじたいが高度に進化する段階、とまさに適合的に理解しうるからです。

そしてこの「行為への知識適用」はその究極の段階として、「行為」と「知識」が一体化したもの、「行為からする知識」すなわち「知恵」があることは間違いありません。ここにいう「知恵」とは、知識と知識をむすびつけ、知識を真の経済資源とするものとしての知識です。むろんそれはマネジメントをおいてほかにありません。こうしてドラッカーにあってマネジメントは、新しい知識社会ではこれまで以上に中心的な存在として、その重責を担うものと強力に位置づけられるのです。

「行為への知識適用」＝マネジメントの発展段階（知識史観）

第一段階：産業革命	18世紀～	道具・工程・製品への知識適用	所有と労働の分離	マネジメントの端緒

第二段階：生産性革命	科学的管理法～	仕事への知識適用	所有と経営の分離	マネジメントの専門化・本格化
第三段階：マネジメント革命	第二次大戦後～	知識への知識適用		マネジメントの高度な進化
究極段階		「行為」と「知識」の一体化＝「知恵」		「知恵」としてのマネジメント

かくみるかぎり、本書『ポスト資本主義社会』（１９９３）は「文明の書」「ポスト資本主義社会論の書」であり、やはり「行動の書」でもあります。『断絶の時代』（１９６９）と『見えざる革命』（１９７６）すなわち後期の問題意識に対するさしあたっての区切りとなっているという点では、「未来予見の書」というよりはそれらに対する「まとめの書」といえます。

後期のみならず全ドラッカーの主要論点が本書一冊に体系的に整理されており、内容的な充実度と完成度はドラッカー随一といってよいほどの出来ばえです。人間・コミュニティ・組織・社会・文明・歴史とそれらをつなぐ知識さらにはマネジメントが、ひとつの思想として実に見事に織りなされています。壮大なスケールと類まれなオリジナリティをあわせもつドラッカーの世界は、ここに完成をみたのです。

Ⅵ　整理と検討：「知恵」としてのマネジメント

本章では、後期ドラッカーの起点『断絶の時代』（１９６９）から生涯の総決算・集大成『ポスト資本主義社会』（１９９３）までを検討してきました。必ずしも系統だってはおらず、時事的な社会評論も広範に行われています。ここで論じられた領域を①政治、②経済、③社会、④知識、⑤組織とマネジメント、で整理すると、およそ次のようになります。

①政治では、新しい多元主義の登場と、それによる政府の役割変化が論じられています。また近代国家すなわち国民国家や主権国家の限界も、執拗なほどにくり返し言及されています。②経済では、グローバル化にともなう諸問題が当初より論じられています。インフレ対策も当初は重要課題としてあつかわれていましたが、しだいに人口構造の変化による雇用問題や生産性向上の問題へとシフトしていきました。またこうした新しい状況に対応しきれていない経済学の限界が、事あるごとに言及されています。

③社会では、新しい多元的知識社会の様相を中心に、「従業員社会」などにも言及されています。とくに晩年はＮＰＯへの重心移動がみられます。④知識では、知識技術や知識そのものの本質と役割を論じ、そこから知識社会と知識労働者のあり方に説きおよんでいます。⑤組織とマネジメントでは、マネジメントの個別領域での発展がみられ、多元的知識社会における組織の特徴とマ

ネジメントの役割が論じられています。そしてそれは④知識との一体化によって、大きく位置づけられることとなります。

以上について後期ドラッカーの起点たる『断絶の時代』（１９６９）の問題意識からみるならば、ドラッカーの結論はどのようにとらえられるでしょうか。もとより同書での問題意識は今なお進行中であり、ドラッカーが自らの生涯で出した結論とはあくまでも中間解答でしかありません。最終的な結論でないとはいえ、存命中の彼が出した結論はどのようにとらえられるでしょうか。後期ドラッカーすなわち『断絶の時代』の問題意識は、増大する不確実性や変化にいかに対処し成果を自分のものとしていくかを問うものであり、その最大のポイントは「知識」のあつかい方にありました。「知識」をいかにとらえ、いかに活用していくか、です。

ここでカギを握るのは、ドラッカーにおいてはやはり「マネジメント」ということになります。生涯の総決算・集大成『ポスト資本主義社会』（１９９３）で提示された知識史観は、第三段階「マネジメント革命」で知識を知識へ適用するものとしています。その視界の先にあるのは行為と一体化した知識すなわち「知恵」であり、「知恵としてのマネジメント」です。マネジメントは知識そのものとして、また諸知識を結合して新たな知識と成果をもたらす知恵として理解されるのです。知識の適用ならびに成果に責任をもつという、最高の知識＝知恵なのです。マネジメントという存在は、中核的な資源たる知識のさらに最中核をなす知識として位置づけられたのです。

こうして知識のあつかい方の問題は、マネジメントのあり方いかんに集約されることとなります。ここにマネジメントは、新たな多元的知識社会そしてその担い手たる知識労働者のゆくえを左右する決定的な存在へと昇華されたのです。

Ⅶ　おわりに

後期ドラッカー最大の問題意識たる知識のあつかい方は、結局のところ「知恵としてのマネジメント」に託される形で一応の決着をみました。実にドラッカーにおいては、すべての問題解決は最終的にマネジメントへと行き着いてしまいます。後期においてマネジメントは変化をも対象とし、企業のみならずＮＰＯなどあらゆる組織体に適用され、さらには人間諸個人にも適用されるものとなりました。ここにいたってマネジメントは成果を生み出すある種の万能ツールと化してしまい、概念的に肥大化してしまった感は否めません。

「マネジメント」という言葉に込められたドラッカーの想い

「マネジメント」は翻訳不能といわれますが、それもドラッカーがそこにあまりにも多くのものを詰め込みすぎたからにほかなりません。しかし他方で、成果を生み出すマネジメントという存在が、自由主義世界を象徴する一大思想となったともいえるでしょう。

このようなドラッカーの結論は後期のみならず、前期をもふくめた全生涯に一貫する問題意識に対するものでもありました。彼の底流にあるのはメイン・テーマ「自由」「自由で機能する社会」そしてその大前提たる「非経済至上主義社会」、総じて「新しい社会」の実現です。そのすべてが、マネジメントが有効に機能しうるか否かに託されたのです。『マネジメント』（１９７３）でのマネジメント論の完成を経て、マネジメント社会論が確立するとともに、マネジメントはひとつの思想となりました。

マネジメントには、人間・社会・文明に対するドラッカーの想いすべてが込められています。ひるがえってその想いは、何としてもマネジメントにこそやってもらわなければならないという強い信託にほかなりません。このマネジメントへの強力な信託をもって、ドラッカーは生涯の結論としたのです。

【ドラッカー生涯のメイン・テーマとマネジメント】

メイン・テーマ（究極の目的）：「新しい社会」（「自由」＝「責任ある選択」）の実現

↑

２次テーマ（具体的な目標）：「自由で機能する社会」の実現

←

3次テーマ（現実的な課題）：「社会の純粋理論」二要件の充足問題

＝

これらを体現したものこそが、マネジメント：

多元的知識社会において、多様な「知識」と「知識」をむすびつけて

新たな「知識」を創造する、最高の「知識」＝「知恵」としてのマネジメント

※第4章のまとめ

【ポスト産業社会論＝多元的知識社会論とは何か？】

●ドラッカー社会構想の転換（後期ドラッカー）：

産業社会論から多元的知識社会（多元社会と知識社会）論へ

・多元社会＝企業のみならずＮＰＯその他多様な制度・機関からなる組織社会

・知識社会＝知識を最重要の経済資源とする社会

後期ドラッカーの主要論点：（『断絶の時代』、『見えざる革命』）
多元的知識社会、知識、知識労働者、グローバリゼーション、生産性の向上
※メイン・テーマ「新しい社会」（自由、自由で機能する社会）の実現がやはり根底に
ただし不確実な未来にいかに対処し、自ら望ましいものとしていくかが焦点に

●マネジメント論の完成
・「社会の純粋理論」二要件問題の決着
↓
秩序論から責任論（自己責任論）への重心移動が完了（実践アプローチの確立）
「専制にかわるもの（自由を実現するもの）としてのマネジメント」の定立
（『マネジメント』）
・生産性向上のためのイノベーション論の体系化、ＮＰＯのマネジメント
（『イノベーションと企業家精神』、『非営利組織の経営』）
（『ポスト資本主義社会』）

●生涯の総決算・集大成『ポスト資本主義社会』でのマネジメント

・諸知識をむすびつけて新たな知識とする「知恵としてのマネジメント」の定立

↓

「マネジメント」概念の肥大化

※ドラッカー世界の完成：

マネジメントは、自由主義世界を象徴する一大思想へ

「新しい社会」は、「マネジメントによる社会」（マネジメント社会論）として確立

第5章　ドラッカー世界のその後——終わりなき「新しい社会」の希求

とりあげる主な著書

『大変革期の経営』（＝『未来への決断』）（1995）、『21世紀に向けたマネジメントの挑戦』（＝『明日を支配するもの』）（1999）、『ネクスト・ソサエティでの経営』（＝『ネクスト・ソサエティ』）（2002）

ドラッカー、86歳～95歳

背景：

・アメリカはＩＴ景気に沸き、日本はバブル崩壊後の失われた10年に。
・アメリカ同時多発テロの発生。

ドラッカーの出来事：

・アメリカ政府より受勲（大統領自由勲章）
・永眠

「未来を予測するのは、さほど難しいことではない。しかしそんなことをしても、無意味なだけである。予測の的中率が高い未来学者は多い。ただし、そうした的中率というのは、彼ら自身の測定手法や一般的な測定手法によるものでしかない。しかも予測が的中するのは、かぎられた領域である。そういう予測よりもはるかに重要なのは、だれも予測しなかったけれども実際に起こってしまった根本的な変化である。」（*Managing in a Time of Great Change*（1995）p.ix. 上田惇生・佐々木実智男・林正・田代正美訳（１９９５）『未来への決断』ｖ頁。）

Ⅰ　はじめに

本章では、『大変革期の経営』（＝『未来への決断』）（１９９５）から没年の２００５年までをあつかいます。この間のドラッカーは86歳〜95歳で、最晩年にあたります。生涯現役を貫いた彼は、最後まで文筆活動をつづけていました。

世情は米ソという対立軸がなくなり、ポスト冷戦がはじまっていました。インターネット革命、中国の台頭などがあり、日本はバブル経済崩壊に苦しんでいた頃です。この時期の主な著書として、『大変革期の経営』（１９９５）、『21世紀へのマネジメントの挑戦』（＝『明日を支配するもの』）（１９９９）、『ネクスト・ソサエティでの経営』（＝『ネクスト・ソサエティ』）（２００２）をとりあげます。

生涯の総決算・集大成後

１９９３年は、「文筆家ドラッカー」が区切りをつけた年と考えられます。生涯の思想的総決算・集大成『ポスト資本主義社会』、そして生涯にわたる自らのアプローチを表明するとともに、生涯にわたる自信作を選りすぐった自選論文集『生態学のビジョン』（＝『すでに起こった未来』）

を立て続けに刊行した年だからです。時にドラッカー84歳。さすがに年齢を意識したのか、両著はあたかも文筆家としての終活を意図していたかのような内容です。まだ頭がはっきりしている時に、自らのアイデンティティ「文筆家」「社会生態学者」に生涯最後の結末をつけたかったとの想いを感じずにはいられません。

とはいえ、その後も彼は執筆の手を決してとめることはありませんでした。実に真の処女作『シュタール』（1933）を起点とすれば、事実上の遺著『ネクスト・ソサエティでの経営』（2002）まで、およそ70年にもわたって著書を陸続と刊行しつづけたことになります。

けれども1993年以後の著書は、ほとんど論文集の類のものです。とくに目新しい論点が発せられるわけでもなく、またかつてのような高い完成度をほこっているわけでもありません。それでも書きつづけたのはドラッカー自身の意欲からなのか、新作を読みたいという読者の要望によるものなのか、出版社の意向によるものなのか、あるいはこれらの思惑がないまぜになった結果なのか。実際のところはわかりません。

内容的にはマネジメントを強力な拠り所とする自説から、時論的なトピックをまとめている傾向が強いです。マネジメント論と社会論との区分も、すでに不明確になってしまっています。両者の要素を組み込んだ時事的な社会評論という形で、著書化されているのです。ハウツーものとまではいわないまでも、手軽で便利なビジネス・パーソン向けの読み物といった感があります。もとよりドラッカーも、人間です。年齢にあらがうことはできても、勝つことまではできません。一方で、人生の終焉を意識したからこそ、最後の最後に言い残しておきたかったこともあったでしょう。

『ポスト資本主義社会』（1993）がドラッカー思想の総決算・集大成であるならば、それ以後の最晩年はいわばその校正・増補活動です。生涯最後においてドラッカーがポイントをおいていたのは何だったのでしょうか。絶えざる進化・発展的な考察をすすめていたドラッカーだけに、最後にもっとも言い残したかったことは何だったかが注目されます。以下では、これらを意識して整理・検討していきます。

Ⅱ　『大変革期の経営』『21世紀に向けたマネジメントの挑戦』『ネクスト・ソサエティの経営』

1　『大変革期の経営』（＝『未来への決断』）（1995）

【主要もくじ】
序文／インタビュー：　ポスト資本主義社会のエグゼクティブ／第Ⅰ部　マネジメント／第Ⅱ部　情報にもとづく組織／第Ⅲ部　経済／第Ⅳ部　社会／結論／インタビュー：　ポスト資本主義社会でのマネジメント

本書は生涯の総決算・集大成『ポスト資本主義社会』（1993）の次著ということもあって、同書と内容的に大きく変わることはなく、重複した記述もかなり見受けられます。多岐にわたる論文集ですが、共通するテーマは逆行不能の「すでに起こった未来」です。エグゼクティブが行動するうえで基礎とすることのできる、実際には基礎としなければならない変化です。未来を予測するのではなく、未来をつくるためにエグゼクティブができること、しなければならないことであるとしています。

エグゼクティブのためのサバイバル・マニュアル

本書が意図するのは、エグゼクティブのために、今の大変革期における一種のサバイバル・マニュアルを提供することにあるといいます。現実の描写や分析よりも、行動へのよびかけすなわち「何を、なぜ、いつ、いかに行うべきか」をエグゼクティブに知らせ、行動への動機づけを行うことにこそ、本書の主たる目的はあるとしています。

なお上下関係すなわち人間に対する支配を想起させる「マネージャー」（経営管理者）よりも、責任を意味する「エグゼクティブ」こそが、用語として新しい組織に適しているとし、本書では意識的にエグゼクティブの語が用いられています。

もとより本書は総決算・集大成『ポスト資本主義社会』（1993）の世界観を強く意識し、それを前提に議論がすすめられています。「序文」につづく冒頭部分と「結論」に、ポスト資本主義社会に関するインタビューがあり、本編の4つの部はそれぞれ独立した論文からなっています。ドラッカー自身によれば、全25章のうち6つの長い章（1、7、12、21、24、25）を中心に構成されています。これら諸論文はすべて1991年以降に書かれたものだと述べています。

前著『ポスト資本主義社会』との関係でみれば、「序文」につづく「インタビュー：ポスト資本主義社会のエグゼクティブ」、「結論　インタビュー：ポスト資本主義社会でのマネジメント」がとりわけ重要です。何よりも、同書の内容的な補足説明そのものだからです。ここでキー・ワードとなっているのはエグゼクティブです。もとより「行動へのよびかけの書」たる本書最大の特徴も、エグゼクティブを対象とするところにあります。マネジメントや組織、グローバル経済、政府と社会といった問題があつかわれていますが、その根底にあるのはエグゼクティブが未来をつくるうえで基礎とすべき変化にほかなりません。

従来からの「マネージャー」（経営管理者）にかわる概念として「エグゼクティブ」を提唱しているというのも、印象的です。かつての『有能なエグゼクティブ』（＝『経営者の条件』）（1966）におけるエグゼクティブへの視点を彷彿とさせるものだからです。同書にいう「エグゼクティブ」とは、「成果をあげるべく意思決定を行う者すべて」をあらわしていました。つまり経営管理者だけではなく、成果をあげるべく日々向上心を持って行動している人々すべてなのです。本書『大変革期の経営』（＝『未来への決断』）が対象とするエグゼクティブ概念もまた、それと同じといえます。すなわち「知識労働者」であり、成果をあげるべく日々向上心をもって行動している人々すべてなのです。

2 『21世紀に向けたマネジメントの挑戦』（＝『明日を支配するもの』）（1999）

【主要もくじ】
イントロダクション：明日の「ホットな」問題／1 マネジメントの新たなパラダイム／2 戦略――新たな確信／3 チェンジ・リーダー／4 情報の課題／5 知識労働者の生産性／6 自らをマネジメントする

本書はマネジメントの書であり、行動へのよびかけであるといっています。「行動へのよびかけ」は、後期ドラッカーのキャッチ・フレーズです。

しかし「行動へのよびかけ」といいながらも、ドラッカー自身によれば、競争戦略やリーダーシップ論、創造性、チーム論、テクノロジーといった今日的な大問題には何らふれていない。明日の生死を分かつ決定的な問題だけをとりあげたからだとしています。そしてこうした決定的な問題は政府や市場が対処できるものでも、経済学や経済政策が解決できるものでもなく、各々のマネジメントや各々の組織、そして知識労働者一人ひとりだけがとり組み、解決できるものだとしています。なお変化を機会として働きかける行為主体として、新たに「チェンジ・エージェント」なるものが提唱されています。

本書は章ごとの課題の多くが具体的に箇条書きされており、きわめて読みやすくなっています。ドラッカー全著書群のなかでみれば、まさにマネジメント系のテクニカルな実用書です。本書が対象とするのは、各々のマネジメントおよび組織、知識労働者一人ひとり、すなわち行為主体個々であり、これからはじまる21世紀に向けた課題が自己啓発的に述べられています。小著ながら、その意味でツボをついたドラッカー流ビジネス書といえます。

3『ネクスト・ソサエティでの経営』（＝『ネクスト・ソサエティ』）（2002）

【主要もくじ[12]】
序文／第1部：　情報社会／第2部：　ビジネス・チャンス／第3部：　変わりゆく世界経済／第4部：　ネクスト・ソサエティ

本書は事実上の遺著で、雑多な内容の21編（うち4つはインタビュー）からなっています。「ポスト資本主義社会」とは「資本主義の後（次）に来る社会」であり、タイトルにある「ネクスト・ソサエティ」はまさに「次に来る社会」です。このように、タイトルから両著のつながりを連想することも可能でしょう。

注目すべきは経済的出来事よりも社会の変化

１９９０年代後半ＩＴ景気に沸くアメリカではニュー・エコノミー論が喧伝されていましたが、かつてドラッカー自身、これまでの経済にかわって新しい経済すなわちニュー・エコノミーの到来を信じた時があったと述べています。１９２０年代「永遠の繁栄」時のことですが、１９２９年世界大恐慌であっさり「永遠の繁栄」は終わってしまった。70年後の今現在あるニュー・エコノミー論も、それと本質的にはまったく変わるところはない。そしてニュー・エコノミー論がさけばれて以来、社会の急激な変化にドラッカーは気づいたとしています。

こうして本書のテーマを、ＩＴ革命よりも、人口構造の変化とりわけ若年人口の減少や、製造業の地位低下、労働力の変質と多様化による変化にあるとするのです。これらの変化はすでに起こったことで、もうもとには戻れない。すでにネクスト・ソサエティすなわち次の社会は到来しているのである、と。

本書のテーマの底流にあるのは、組織とそのエグゼクティブにとって、経済的な出来事よりも社会の変化の方が重要であることだといっています。１９５０年から90年代まで社会は安定しており、与件としてあつかうことができた。現在のネクスト・ソサエティを生み出しつつある主たる社会変化が、これからのエグゼクティブの仕事を規定していくことになる。その意味で本書は、エグゼクティブと組織運営にたずさわる人のためのものであるというのです。

本書所収論文すべてが２００１年9月のアメリカ同時多発テロ以前の執筆とされていますが、とりわけ目を引くのは上述のように、社会に主な焦点が合わされていることです。かくみるかぎり、当時もてはやされたニュー・エコノミー論に対するアンチテーゼとして、本書にいうネクスト・ソサエティをとらえることもできます。

本書でとりあげられる変化は、１９９０年代以降のものです。とりわけ時論的なニュー・エコノミー論やＩＴ革命などが論じられていますが、それらをむしろ表層的な現象としてその底流にある社会の変化こそ凝視すべきとしています。なお「変化をマネジメントする最善の方法は自ら変化をつくり出すことである」とし、「チェンジ・リーダー」なる行為主体が提唱されています。

ドラッカーは「新しい社会」として、従来の「経済至上主義社会」にかわる新たな「非経済至上主義社会」を希求しつづけました。人間・社会・文明にとって大事なのは経済目的よりも社会目的であるとの視点は、終生変わらなかったということでしょうか。久しく「非経済至上主義社会」そのものに言及することはありませんでしたが、生涯の総決算・集大成『ポスト資本主義社会』

（1993）を経て、事実上の遺著たる本書において「社会」の存在をとりたてて強調したことに、かの初心を見出さずにはいられません。

Ⅲ　整理と検討：マネジメントによる「新しい社会」

『経済人の終わり』（1939）で提示されたドラッカー生涯の問題意識は、「非経済至上主義社会」という「新しい社会」の実現でした。それは経済目的よりも社会目的が優先される社会であり、ドラッカーが希求する「良い社会」にほかなりませんでした。この「新しい社会」実現について、生涯の総決算・集大成『ポスト資本主義社会』（1993）ではどのような解答が提示されたでしょうか。

「新しい社会」へのカギこそ「マネジメント」

そのカギを握るものこそが、まさに「マネジメント」でした。ドラッカー生涯の解答は「新しい社会」の実現を、これからの「マネジメント」のあり方に信じ託すという形で提示されました。進行中で不可避の多元的知識社会が「新しい社会」＝「非経済至上主義社会」となりうるか否か、すべてはマネジメントという存在に集約されることでむすびとされたのです。マネジメントのパフォーマンスにより実現される「新しい社会」、換言すればそれは「マネジメント社会」でもありました。これこそがドラッカーの長きにわたる考察の総決算だったのです。

以上の総決算・集大成『ポスト資本主義社会』（１９９３）をうけて、その後のドラッカーではどのようなことが示されたでしょうか。総体としてみれば、同書のまとめの校正・増補をはみ出るものではありませんが、そこから若干の進化・発展もみられます。大きくいえば、変化に関するものです。もとより変化への視点は後期ドラッカーの特徴のひとつではありますが、この時期にはそれが行為主体にまであらわれている点で特筆されます。すなわち知識労働や知識労働者を前提に、自ら変化に積極的に働きかける行為主体として、「チェンジ・エージェント」「チェンジ・リーダー」といったことがうたわれているのです。ただし、これらのより詳細な内容および相互の関係については、具体的に言及されていません。ただ指摘されるのみです。

「新しい社会」＝自立した個人の統合の場

一方で、行為主体個々の自立（自律）化はドラッカーが生涯を通じてとなえつづけたことですが、この時期にはそれがさらに強く打ち出されています。自らをマネジメントすることがいわれ、また「マネージャー」（経営管理者）にかわる概念として、責任を意味する「エグゼクティブ」が強く提唱されています。エグゼクティブとは組織マネジメントを担う主体ではあるものの、特定の組織に依存しない自立した存在としてとらえられます。

ここで問われるのは、まさに個としての部分すなわちコンピタンシー（個人的な卓越性）であり、自らの能力を理解する自己認識です。この前提に知識労働者があることはいうまでもありませんが、「個人と組織」の問題に対する個人の自立（自律）化が主張されているのは明らかです。これは古くは『明日への道標』（＝『変貌する産業社会』）（1957）でも提唱されているところであり、マネジメント誕生の背景として重要ですが、ここでも違った形でふたたび力説されています。

もとよりドラッカー最大の関心は、人間一人ひとりとそれが集う社会・文明にあります。彼の長きにわたる考察と執筆はすべて、この「新しい社会」実現のためにありました。社会のあり方を問うものである以上、そこには「個人と組織」「個人と社会」「個人と国家」といった「部分と全体」のミクロ・マクロ・リンク問題が常につきまといます。

彼の思い描く「新しい社会」とは、自立（自律）化した人間一人ひとりによって「自由」すなわち「責任ある選択」が遂行され、それがコミュニティ・組織・社会といった全体において然るべく統合されているものです。人間一人ひとりが集う場たる「社会」、これこそ生涯最後にドラッカーが重視していたものにほかなりません。

変化しゆく社会をみつめる視点と、それを望ましい方向へ導くかじ取り役としてのマネジメントのあり方を問う姿勢、これこそドラッカーからわれわれへの遺言だったのです。

Ⅳ　おわりに

永眠

２００５年11月11日、ドラッカーは永眠しました。

『ポスト資本主義社会』（１９９３）以後の歳月は、ドラッカー個人にとって記念すべき出来事もありました。１９９７年には「今でも気持ちは一番若い」の見出しでアメリカを代表する経済雑誌フォーブスの表紙を飾り、２００２年には大統領自由勲章を授与されています。アメリカで民間人に授与される最高の勲章ですが、かの国のアイデンティティたる「自由」を象徴している点で、ドラッカーの感慨もひとしおだったでしょう。

さらに永眠した２００５年には、「ドラッカー学会」が日本で設立されています。[13]同学会はドラッカー本人も承認したもので、彼自身その設立をたいへん喜んでいたといわれます。２００９年には『もし高校野球の女子マネージャーがドラッカーの『マネジメント』を読んだら』が出版されてベストセラーとなり映画化されるなど、「もしドラ」ブームが巻き起こりました。

ドラッカーを敬愛してやまない多くの想いが、死してなおドラッカーを時の人としたのです。

生涯にわたる「文筆家」のまなざし

他方で、ドラッカーの著書群のいくつかは選書や名著集として、何度か訳し直され出版されています。それにしてもいかに多作とはいえ、彼の刊行した著書数は尋常ではありません。突き詰めれば、質と量は反比例する関係にあると思われますが、無数の著書刊行による自説の質的劣化を、ドラッカーほどの人間は考えなかったのでしょうか。なるほど外見的にさほど変わりばえしないかのごとき彼の基本的主張も、子細にみれば確かに考察が進展してはいます。あたかもドリルのごとく、同じことをくり返し説いては掘り下げながら、着実に前進してはいます。

とはいえ、書きたいから書き、ただちに著書出版するというスタイルには、高みにのぼった思想家が自らの産み出した所説を、わが子のごとく大事にしようとする姿勢は見出せません。あるいは「高みにのぼった」とか「思想家」とか、そんな仰々しいものをドラッカーはもとめていなかったのかもしれません。われわれ自身も、そういう仰々しいとらえ方をしてはいけないのかもしれません。その視線は学問的な権威ではなく、あくまでも実務家や一般人としてのものであったのかもしれません。

『ポスト資本主義社会』（1993）後のドラッカーに、われわれは何を見出せるでしょうか。

生涯現役で死ぬまで文筆家でありつづけた彼は、やはり書くことが仕事だったということでしかありません。「最高傑作は次回作」ととぼけてみせたユーモアのなかに、文筆家としてのプライドとアイデンティティがあらわれています。

そしてそのまなざしは、常に「人と社会」を強く凝視していました。人間・社会・文明に対する彼の視点、そしてそこにおける強力な武器としてのマネジメントは、いかなる意義をもちうるのでしょうか。ドラッカー亡き今、すべては未来に向けて今この時を精一杯行動していく、すなわちマネジメントしていかねばならないわれわれ一人ひとりの手にかかっています。

※第5章のまとめ

【ドラッカーの遺言とは何か？】

生涯の総決算・集大成『ポスト資本主義社会』から若干の進展：

知識、知識労働者を前提に、

・変革主体の提唱：　チェンジ・エージェント、チェンジ・リーダー

・各行為主体の自立（自律）化

※「経済」よりも「社会」を改めて強調（事実上の遺著『ネクスト・ソサエティでの経営』）

事実上の処女作『経済人の終わり』（1939）での「新しい社会」すなわち「非経済至上主義社会」を想起させる

↓

人間個人のために、変化しゆく社会を望ましい方向へ導くマネジメントのあり方を問う姿勢

エピローグ——マネジメントとは何か？

「しかしただひとつだけ予言できることがある。最大の変化は知識における変化だということである。すなわち知識の形態と内容、意味、責任、そして教育ある人間であることの意味における変化である。」(*Post-Capitalist Society*（１９９３）p. 218. 上田惇生・佐々木実智男・田代正美訳（１９９３）『ポスト資本主義社会』３６０頁。)

I　ドラッカー世界の展開――「新しい社会」への物語

本書では、ドラッカーの文筆活動の展開をできるだけありのままに跡づけるとともに、できるだけ克明に考察してきました。

彼の文筆活動の底流には、社会・文明に対する「継続と変革の相克」という問題意識が脈動していました。そしてそれはこのうえもない危機意識として、崩壊しつつある旧秩序にかわる新秩序の建設、すなわちドラッカーが望む「新しい社会」の希求へと枠組みが設定されます。「自由」すなわち「自由で機能する社会」の実現です。ユダヤ・キリスト教的世界観にあって、実にこの「良い社会」をめざす「新しい社会」論にこそ、彼の思想的な本質はあります。

「新しい産業社会」の担い手としての企業

そこでまず彼が注目したのが企業でした。政治学的アプローチによりながら、社会における企業を自治的コミュニティとすることがうたわれたのです。企業に集う一人ひとりの地位と役割を確保し、企業の有する社会権力を正当化することで、企業による「新しい産業社会」が実現されるとされます。そこにおいては経営者や中間管理職、一般労働者を問わず人間一人ひとりが「自由」＝「責任ある選択」を行い、自立（自律）した市民としてコミュニティや社会に参画していくのです。

社会論を起点に、企業をいかに社会に位置づけ機能させるかという企業論、「企業による新しい社会」という企業社会論へと、前期ドラッカーの考察は進展していきました。その総決算・集大成こそ、タイトルそのままの『新しい社会』（＝『新しい社会と新しい経営』）（1950）にほかなりません。

同書においてドラッカーの「新しい社会」論は、「新しい産業社会」論として一応の完成をみました。めざされたのは「理想的な社会」ではなく、あくまでも「生きがいのある社会」でした。そこから彼の視線はさらにふみ込んで、企業の内実をなす経営管理実践に注がれることとなります。そしてこれを「マネジメント」の名のもとに新たな概念として措定し、「新しい社会」創造の象徴としてかかげるのです。

「マネジメント」概念の展開

それこそが、『マネジメントの実践』（＝『現代の経営』）（1954）でした。ビジネスは単なる私益追求ではなく、「顧客の創造」ひいては「新しい社会の創造」であって、その具体的な担い手こそが「マネジメント」と位置づけられます。ここにおいて経営トップのみならず経営管理にたずさわる者はみな、社内業務をこなす単なる一従業員にとどまるのではなく、一人ひとりが

「新しい社会」をつくり出していく主体としてあることになります。

このように新しい意味を付与された「マネジメント」は、それまでドラッカーが「新しい社会」の推進主体として期待した「企業」を概念的に凌駕するものでした。実に『マネジメントの実践』（＝『現代の経営』）（１９５４）にいたるまで、「企業」概念は新著のたびに変更されています。およそ『産業人の未来』での「株式会社」（corporation）、「工場企業体」（plant）という企業への問題意識から、『会社の概念』（＝『企業とは何か』）（１９４６）での「会社」（corporation）、『新しい社会』（＝『新しい社会と新しい経営』）（１９５０）での「産業企業体」（industrial enterprise）と展開しています。新しい社会における望ましい企業像をめぐって、ドラッカーは概念的に定立しあぐねていたのです。

【「マネジメント」概念誕生前における主な「企業」概念の変遷】

「株式会社」（corporation）、「工場企業体」（plant）：『産業人の未来』

↓

「会社」（corporation）：『会社の概念』（＝『企業とは何か』）

↓

「産業企業体」（industrial enterprise）：『新しい社会』（＝『新しい社会と新しい経営』）

↓

「営利企業」（business enterprise）：『マネジメントの実践』（＝『現代の経営』）

同書で「マネジメント」概念が誕生

※「マネジメント」概念の誕生以降、ドラッカーにおいて「企業」概念に特別な意味は込められなくなります。企業をあらわす語としてもっとも頻出するのは、およそ「企業」(business) となっていきます。

このような試行錯誤のなかで、どちらかといえば偶発的に編み出されたのが「マネジメント」でした。当初より多義的な概念として措定されていましたが、それも「企業」を行為主体として概念的に進化させたためとみることができます。「新しい社会」創造のより強力な主体かつ象徴たることを期して、それまでの「企業」概念をさらに昇華させたものこそが「マネジメント」の概念なのでした。ここにはアメリカ制度学派の制度的アプローチをとり込みながらも、それをドラッカーが独自に進化させたことが認められます。

【ドラッカーの制度的アプローチの進化】

●社会制度的企業論

・企業を自律的な社会制度と位置づけるアプローチ(制度論)の試み(『会社の概念』)

・企業を自律的な社会制度と位置づけるアプローチ(制度論)の完成：
制度論から制度化論(自主的アプローチ)へ(『新しい社会』)

●社会制度的マネジメント論

・マネジメントは社会的な制度・機関と規定：
制度化論（自主的アプローチ）をさらに推し進めて、各行為主体の「責任ある選択」による実践アプローチへ（『マネジメントの実践』）

・マネジメントは営利・非営利を問わず、組織全般に適用される普遍的なものと再規定：
実践アプローチの完成（『マネジメント』）

　このドラッカーの「マネジメント」は、経営学の金字塔でした。実に「マネジメント」は、日本をはじめとする戦後の実務界に多大な影響を与えたとされます。けれどももっとも影響を与えたのは、ほかならぬドラッカー自身でした。『明日への道標』（＝『変貌する産業社会』）（１９５７）での彼の内省と自己転換へのきざしは、それを如実に物語っています。後期ドラッカーの起点『断絶の時代』（１９６９）以降の著書におけるほとんどの序文で、読者一人ひとりが自ら行動することが今まで以上に力説されますが、その先がけが『明日への道標』でした。後期ドラッカーにおいては、明日は今日つくられるということ、そのため自ら行動するということ、すなわち積極的に「責任ある選択」を行い、未来を切り開いていくことが、くり返し強調されていくのです。

　したがって、およそ後期ドラッカーの著書すべてが「行動の書」といえるでしょう。そしてその中核にあるものこそ、まさに「新しい社会」創造の主体としての「マネジメント」でした。『明日への道標』でのドラッカーの内面的な葛藤は、自ら編み出した「マネジメント」を消化しきれず、いまだ自らのものとできていない状況のあらわれとみることができるのです。

人と社会をめぐる実践としてのマネジメント

かくして、この「マネジメント」を考察の中軸にすえ、自らの方法論ならびに世界観を一新したものこそ『断絶の時代』（1969）でした。同書とつづく『マネジメント』（1973）によって、後期ドラッカーは本格的にはじまりました。これまで社会論から企業論、企業社会論、そしてマネジメント論へと変遷してきた考察は、ここに不動のマネジメント論さらにはマネジメント社会論として確立されたのです。

以降のドラッカーは「マネジメント」を強力な拠り所として、やはりこれからの「人と社会」のあり方を精力的に論じていくようになります。そしてそれは、「文筆家ドラッカー」の命あるかぎりつづけられたのでした。

ただし従来からの焦点たる「社会」は、もはや前期ドラッカーで前提された産業社会ではありません。産業社会からポスト産業社会への移行がいわれるようになり、ドラッカー自身もその論者のひとりとして独自の多元的知識社会を論じていきました。日本経済の発展、経済のグローバル化、少子高齢化社会の到来、ソ連共産主義の崩壊、NPOの台頭などを視野におさめつつ、ドラッカー社会論は時代の趨勢を読み解く未来予見的な色彩を強めていきます。

従来からの枠組み「新しい社会」論としてみれば、めざされるのはもはや自ら望む「新しい社会」の実現ではありません。むしろ現在進行形の「新しい社会」にいかに適応し、各行為主体にとっていかに望ましい形に変革していくかをポイントとするものとなりました。変化しゆく「新しい社会」を見通して適応するとともに、各行為主体が自ら変革主体として変化を生み出し「新しい社会」をつくりあげてゆくことが力強くうたわれるのです。

こうした重心移動をともないながらも、ドラッカーのみつめる先は変わりません。「人と社会」の望ましいあり方です。そしてこれらをとりむすぶアプローチが、彼においては結局「マネジメント」としてあることになります。この「マネジメント」を軸としたドラッカーの世界は、およそ生涯の総決算・集大成『ポスト資本主義社会』（１９９３）でまとめあげられたのでした。

かくみるかぎり「経営学者ドラッカー」とは、「新しい社会」をめざす「社会生態学者ドラッカー」の副産物であるとともに帰結でもありました。実に彼は生涯を通じて、自身の主領域はビジネスではないという姿勢を貫きました。あくまでも「新しい社会」実現のために、彼において企業そして「マネジメント」はあったのです。

経営学としてみるならば、アプローチの核にある理念と哲学が明確なことこのうえなく、「人と社会」を目的とする点で社会的責任と倫理が前提として組み込まれています。具体的な知識については、アメリカや日本をはじめとする実務界との交流体験、およびアメリカ経営学の諸成果が反映されています。

ドラッカーのマネジメント≠経営学は、あくまでも理論と現実にわたる「実践」でなければならなかったのです。

政治学者ドラッカーと経営学者ドラッカー

以上の生涯にわたる考察プロセスにおいては、「政治学者ドラッカー」と「経営学者ドラッカー」がしばしば交錯しています。もとより「政治学者ドラッカー」というベースがあって、「経営学者ドラッカー」は生み出されました。それは「秩序論」から「(自己) 責任論」への重心移動ということもできます。自由=「責任ある選択」とは、自治すなわち自らを統治することでもあります。コミュニティの自治をめざす政治学的な視点は、工場コミュニティへの主体的参加を各行為主体にもとめる「経営者的態度」へ具体化され、さらに各行為主体自らが意思決定=「責任ある選択」を行う「マネジメント」へと進化したのでした。

「政治学者ドラッカー」は彼本来の学問領域にして基本的アプローチというのみならず、彼の思想的根源を反映した側面でもあります。「政治学者ドラッカー」から生み出された「経営学者ドラッカー」は大きな進化を遂げ、今日の一般的なドラッカー評価となっています。けれども「政治学者ドラッカー」がまったく消えてしまったわけではありません。とりわけ後期には国家のあり方が執拗に論及されるなど、「経営学者ドラッカー」にあってもその姿は断続的にあらわれていました。

実に「経営学者ドラッカー」の芯には、常に「政治学者ドラッカー」があります。その意味でもドラッカーは、固有の経営学者とは異なります。ともあれ「政治学者ドラッカー」と「経営学者ドラッカー」、両者は表裏一体で互いに影響しあいながら、「社会生態学者ドラッカー」の世界を現在進行形でつくりあげていったのです。

「最高傑作は次回作」との弁は、単なるユーモアではありません。ドラッカーの考察そのものが常に進化し上書きされていくことをあらわしているからです。それこそが、生涯現役でありつづけた「文筆家ドラッカー」の姿なのでした。これは、成果をめざして進化しゆく経営学の学問的性質とオーバーラップする部分でもあります。

Ⅱ　「新しい社会」への物語——マネジメントの意義

「技法」（アート）を、「技」＝機能と「法」＝規範のふたつからなるととらえるなら、ドラッカー経営学すなわちマネジメントほどその両面に秀で、なおかつ両面が見事に一体化した「技法」はありません。もとよりドラッカーの手によって、はじめてマネジメントは学習できる知識体系すなわちサイエンスとなることができました。

とはいえ、単なるサイエンスにとどまるものではありません。彼のマネジメントは、まさにサイエンスを超えたアートなのです。ややもすれば「技」＝機能・テクニック、いわばクール・アプローチが強調されてしまいますが、もうひとつの側面そして本源的な「法」＝規範すなわち人間的価値、いわばウォーム・アプローチこそ、ドラッカー・マネジメントの真髄にほかなりません。

彼においてマネジメントとは、人間の本質にして理想「自由」の実現に向けて、全身全霊をかけて生みだされたものであり、いわば彼のすべてを託したものでした。こうして結果的にマネジメントは、自由主義世界を象徴する一大思想となりおおせていくのです。

自立（自律）した存在として人間個人を尊重し、彼らの自主裁量によって「責任ある選択」を行わせる。人間一人ひとりがそれぞれの居場所でそれぞれの個性を最大限発揮して、自らのみならずコミュニティそして社会全体にも最大限望ましい成果をもたらす。つまりその担い手たるマネジメントとは、ドラッカーにあって徹頭徹尾人間や社会・文明のためのものなのです。

あくまでも自立（自律）した存在としての人間、「自由」＝「責任ある選択」を行う人間の無限の可能性を信じ、そのための実践的技法としてマネジメントは誕生しました。マネジメントとは「自由」＝「責任ある選択」を実現する、すなわち人間を真の意味で人間とするものにほかならなかったのです。

ただし「マネジメント」とは、諸刃の剣でした。ドラッカーの意図と世間一般の受容は必ずしも一致していません。たとえば「目標によるマネジメント」があります。ドラッカーが「マネジメントの哲学」とまで位置づけた自己管理手法「目標と自己統制によるマネジメント」、概して「目標によるマネジメント」は、今日の日本では「目標管理」の名で普及しています。そしてそれは、「目標による管理」というよりも「目標のための管理」としてあります。労働強化をもたらすノルマ管理の手法として、むしろネガティブなイメージでとらえられているのです。

その他の例として、戦後日本の経済成長への評価があります。かつて日本は「エコノミック・アニマル」すなわち「エコノミック・マン」（経済人）と揶揄されました。ドラッカー・マネジメントから最大の恩恵を受けたはずの日本が、です。ドラッカーが事実上の処女作で「新しい社会」の姿として主張した「経済人の終わり」は最大・最愛の教え子たる日本で達成されるどころか、皮肉にも「経済人の存続・発展」となっていたのです。「くたばれＧＮＰ」をスローガンに、豊かさを測る指標を物質のみとすることへの疑問も噴出しました。金銭だけが幸せではないことが、さけばれたのです。

かくみるかぎり、ドラッカーが編み出した「マネジメント」とは、資本主義の光と影いずれをも推し進める功罪両面を有するものだったといえます。物質的な繁栄をもたらした一方で、それに応じた弊害をももたらしてしまったのです。

もとよりいかなる思想であれ、受容にともなう変容をまぬがれることはできません。とはいえ、単にドラッカーの意図と世間一般の受容が一致していなかったですまされる問題でもありません。むしろ彼の「マネジメント」概念そのものに本質的な問題があったというべきです。このことに対して、ドラッカーは何と答えるのでしょうか。

ドラッカー亡き今、「新しい社会」実現をめざした彼の意図を正しく受けとめ、望ましい方向に発展させていくことができるかどうか、すべては今を生き未来をつくっていくわれわれ一人ひとりの問題です。あくまでもドラッカーにおいては人間一人ひとり・コミュニティ・社会・文明すべてがリンクしています。そしてそれらを総じてより良き「新しい社会」へと導くものこそが、「マネジメント」なのです。

「責任ある選択」を行うことができるかどうか、すべては「マネジメント」を担うわれわれ自身のあり方にかかっています。これら意思ある人間としての未来への想いすべてを込めたものこそが、「マネジメント」なのです。

※エピローグのまとめ

【結局、ドラッカーの意図するマネジメントとは何か？】

ドラッカーのマネジメントは、サイエンスを超えたアート（技法）

技法：

①「技」＝機能・テクニック（クール・アプローチ）と、②「法」＝規範すなわち人間的価値（ウォーム・アプローチ）からなる

ドラッカーのマネジメントは両面に秀で、なおかつ両面が見事に一体化

とりわけ②こそ、ドラッカー・マネジメントの真髄。

ドラッカーにおいてマネジメントとは、人間の本質にして理想「自由」の実現に向けて、全身全霊をかけて生みだされたもの、彼のすべてを託したもの。

あくまでも自立（自律）した存在としての人間、「自由」＝「責任ある選択」を行う人間の無限の可能性を信じ、そのための実践的技法としてマネジメントは誕生。

マネジメントとは「自由」＝「責任ある選択」を実現する、すなわち人間を真の意味で人間とするもの。

ただしマネジメントは諸刃の剣：

資本主義の光と影いずれをも推し進める両面性

＝物質的な繁栄をもたらした一方で、それに応じた弊害をもたらしてしまった

ドラッカーの意図を正しく受けとめ、望ましい方向に発展させていくことができるかどうか、すべては今を生き未来をつくっていく（＝「責任ある選択」を行っていく）われわれ一人ひとりの問題

※これら意思ある人間としての未来への想いすべてを込めたものこそが、「マネジメント」という思想

注

（1）ドラッカー自身は、重要な自著として次の6冊をあげています。①『会社の概念』（＝『企業とは何か』）（1946）、②『マネジメントの実践』（＝『現代の経営』）（1954）、③『成果をめざす経営』（＝『創造する経営者』）（1964）、④『有能なエグゼクティブ』（＝『経営者の条件』）（1966）、⑤『断絶の時代』（1969）、⑥『イノベーションと企業家精神』（1985）（Krames(2008)p.73, 邦訳書102頁）。しかし本書では、彼の思想において重要な著書は必ずしもこれら6冊に一致しないと考えています。

（2）「主要もくじ」は、基本的に初版のものです。したがって邦訳書とは異なることがあります。

（3）management の語は、前著『会社の概念』（＝『企業とは何か』）および本書『新しい社会』でも用いられています。しかし『マネジメントの実践』（＝『現代の経営』）での「マネジメント」概念の誕生の前後を区別することを期して、本書では同書以前のものを「経営」「経営者」「経営陣」などと訳出しています。

（4）初来日の経緯や日程および講演内容については、手軽なところで山下（2016）にくわしいです。

（5）上田訳では「職場コミュニティ」とされていますが、原語は plant community です（Drucker (1954) pp.309-311, 上田訳（下）、1996、192-196頁）。

（6）Drucker, 1993, pp.425-426, 上田他訳、1994、271-273頁。また同書はドラッカーの生涯

選りすぐりの自選論文集であり、キルケゴールに関する論稿が本論の最後にすえられていることからもキルケゴールに特別の思い入れのあることがわかります。

（7）ドラッカー自身が使用しているのはあくまでもworld economyであって、グローバリゼーションではありません。

（8）「専制」と「独裁」の意味は、厳密には違います。しかしここでドラッカーが用いている「専制」は、日本語では「独裁」といった方がイメージしやすいと思われます。

（9）その他にも書名にマネジメントや経営に関する言葉があるものは多いですが、すべて時論的なものといえます。変化しゆく世界と時代の大局をメインに論じながら、そこにマネジメントをからませているのです。これに該当するものとしては、すでに社会論として検討した『乱気流時代の経営』（1980）や、『変貌するエグゼクティブの世界』（＝『変貌する経営者の世界』）（1982）、『マネジメント・フロンティア』（1986）、『未来への経営』（＝『未来企業』）（1992）、『大変革期の経営』（＝『未来への決断』）（1995）、『21世紀に向けたマネジメントの挑戦』（＝『明日を支配するもの』）（1999）、『ネクスト・ソサエティでの経営』（＝『ネクスト・ソサエティ』）（2002）など、後期の著書ほとんどが入ります。

（10）ドラッカー自身は、「セルフ・マネジメント」（self management）なる語は使っていません。同様の意味の言葉や類似語として、managing oneselfやdeveloping yourself（自己開発）を使っています。

（11）ドラッカーは複数形のliberal artsではなく、単数形のliberal artの語を用いています。

(12)本書については、原著より先行発売された日本語版(上田惇生訳(2002))とはかなり構成が異なっています。

(13)ドラッカー学会は学界と実務界を融合する一大ムーブメントとなっており、昨今の産学連携のひとつのあらわれといえます。実学としての経営学を推進していく点で、今後の動向が大いに期待されます。ただし同学会によるドラッカーの読み方がすべてでないことには、注意しておく必要があります。

初出

本書の一部に、初出が以下のものがふくまれています。

「マネジメントのパイオニア——産業社会発展への貢献」『経営学史学会叢書　第X巻　ドラッカー』文眞堂、２０１２年５月、第２章、32－93頁。

「初期ドラッカーについて——社会成立２要件の検証を中心に」経営哲学学会『経営哲学』第９巻１号、２０１２年７月、１４０－１４３頁。

参考文献

（１）ドラッカー

原書には、便宜的に本書で参照したものも併記しています。邦訳書は、基本的に本書で参照したものを表記しています。

１９３３『フリードリヒ・ユリウス・シュタール：保守的国家論と歴史の発展』（Friedrich Julius Stahl: *Konservative Staatslehre und Geschichtliche Entwicklung,* Mohr.DIMMOND ハーバード・ビジネ

ス・レビュー編集部訳（２００９）『フリードリヒ・ユリウス・シュタール：保守的国家論と歴史の発展』所収は『ＤＩＭＭＯＮＤハーバード・ビジネス・レビュー』第34巻第12号、ダイヤモンド社。）

１９３６『ドイツのユダヤ人問題』（Die Judenfrage in Deutschland, Gsur.）（未訳）

１９３９『経済人の終わり――全体主義の起源』（*The End Economic Man: The Origins of Totalitarianism,* John Day((1995)Transaction Publishers. 岩根忠訳（１９７２）『経済人の終わり』（所収は『ドラッカー全集』第1巻、ダイヤモンド社）、上田惇生訳（２００７）『経済人の終わり』ダイヤモンド社。）

１９４２『産業人の未来――ある保守主義的アプローチ』（*The Future of Industrial Man: A Conservative Approach*, John Day (1995) Transaction Publishers. 岩根忠訳（１９６４）『産業にたずさわる人の未来』東洋経済新報社。田代義範訳（１９６５）『産業人の未来』未来社。岩根忠訳（１９７２）『産業にたずさわる人の未来』（所収は『ドラッカー全集』第1巻、ダイヤモンド社）、上田惇生訳（２００８）『産業人の未来』ダイヤモンド社。）

１９４６『会社の概念』（一般的な邦訳書名『企業とは何か』）（*Concept of the Corporation*, John Day((1964)The New AmericanLibrary, (1972) John Day, (1983)Transaction Publishers, (1993) Transaction Publishers. 下川浩一訳（１９６６）『現代企業論』上巻・下巻、未来社（初版の訳）。岩根忠訳（１９６６）『会社という概念』東洋経済新報社（１９６４年版の訳）（『ドラッカー

全集』第1巻、ダイヤモンド社、1972年にも所収)。上田惇生訳『企業とは何か』ダイヤモンド社、1993年(1993年版の訳)、『企業とは何か』ダイヤモンド社、2008年(1993年版の訳)。

1950『新しい社会——産業秩序の解剖』(一般的な邦訳書名『新しい社会と新しい経営』)(*New Society: Anatomy of Industrial Order*, Harper & Row (1982) Greenwood Press(reprinted). 国井成一・清本晴雄訳(1954)『新しい社会の経営技術——経営者と労務者のこれからのあり方』緑園書房、現代経営研究会訳(1957)『新しい社会と新しい経営』ダイヤモンド社、村上恒夫訳(1972)『新しい社会と新しい経営』(所収は『ドラッカー全集』第2巻、ダイヤモンド社。)

1954『マネジメントの実践』(一般的な邦訳書名『現代の経営』)(*The Practice of Management*, Harper & Row (1986) HarperBusiness, (2006) Harper.(野田一夫監修・現代経営研究会訳(1956)『現代の経営』続編、自由国民社、上田惇生訳(1996)『現代の経営』上巻・下巻、ダイヤモンド社。)

1955『アメリカのこれからの20年』(一般的な邦訳書名『オートメーションと新しい社会』)(*America's Next Twenty Years*, Harper & Row. 中島正信訳(1956)『オートメーションと新しい社会』ダイヤモンド社、中島正信・涌田宏昭訳(1972)(所収は『ドラッカー全集』第5巻、ダイヤモンド社。)

1957『明日への道標』(一般的な邦訳書名『変貌する産業社会』)(*The Landmarks of Tomorrow*, Harper & Row (1965) Harper & Row. 現代経営研究会訳(1959)『変貌する産業社会』ダイヤモンド社。現代経営研究会訳(1972)『変貌する産業社会』(所収は『ドラッカー全集』第2巻、ダイヤモンド社。))

1959『明日のための思想』(*Gedanken für die Zukunft*, Econ Verlag. 清水敏允訳(1960)『明日のための思想』ダイヤモンド社、清水敏允訳(1972)『明日のための思想』(所収は『ドラッカー全集』第3巻、ダイヤモンド社。))

1964『成果をめざす経営――経済的課題とリスクをとる意思決定』(一般的な邦訳書名『創造する経営者』)(*Managing for Results: Economic Tasks and Risk-taking Decisions*, Harper & Row((2006) Collins. 野田一夫・村上恒夫訳(1964)『創造する経営者』ダイヤモンド社、上田惇生訳(2007)『創造する経営者』、ダイヤモンド社。)

1966『有能なエグゼクティブ』(一般的な邦訳書名『経営者の条件』)(*The Effective Executive*, Harper & Row. 野田一夫・川村欣也訳(1966)『経営者の条件』ダイヤモンド社、上田惇生訳(2006)『経営者の条件』ダイヤモンド社。)

1969『断絶の時代――われわれの変わりゆく社会への指針』(*The Age of Discontinuity: Guidelines To Our Changing Order*, Harper & Row. 林雄二郎訳(1969)『断絶の時代』ダイヤモンド社。)

1970『テクノロジー、マネジメント、社会』(*Technology, Management & Society*, Harper & Row.)(未訳)

１９７１『人間、思想、政治』（*Men, Ideas & Politics*, Harper & Row.）（未訳）
１９７３『マネジメント――課題・責任・実践』（*Management: Tasks, Responsibilities, and Practices*, Harper & Row((1993) HarperBusiness). 野田一夫・村上恒夫監訳（１９７４）『マネジメント』上巻・下巻、ダイヤモンド社。上田惇生訳（２００８）『マネジメント　課題、責任、実践』ダイヤモンド社。有賀裕子訳（２００８）『マネジメント　務め、責任、実践』Ⅰ、Ⅱ、Ⅲ、Ⅳ巻、日経ＢＰ社）
１９７６『見えざる革命――いかにして年金基金社会主義がアメリカに到来したか』→『年金基金革命』（一般的な邦訳書名『見えざる革命』）（*The Unseen Revolution : how pension fund socialism came to America*, Harper & Row. →(1997)*The Pension Fund Revolution*, Transaction Publishers. 佐々木実智男・上田惇生訳（１９７６）『見えざる革命』、ダイヤモンド社、上田惇生訳（１９９６）ダイヤモンド社。）
１９７９『傍観者の冒険』（一般的な邦訳書名『傍観者の時代』）（*Adventures of a Bystander*, Harper & Row((1994)Transaction Publishers. 風間禎三郎訳（１９７９）『傍観者の時代――わが20世紀の光と影』ダイヤモンド社。上田惇生訳（２００６）『ドラッカー　わが軌跡』ダイヤモンド社。上田惇生訳（２００８）『傍観者の時代』ダイヤモンド社。）
１９８０『乱気流時代の経営』（*Managing in Turbulent Times*, Harper & Row(1985) Harper & Row. 上田惇生訳（１９９６）『乱気流時代の経営』ダイヤモンド社。）
１９８２『変貌するエグゼクティブの世界』（一般的な邦訳書名『変貌する経営者の世界』）（*The Changing*

World of the Executive, Truman Talley Books. 久野桂・佐々木実智男・上田惇生訳（１９８２）『変貌する経営者の世界』ダイヤモンド社。）

１９８２『最後の四重奏』(*The Last of All Possible World*, Harper & Row. 風間禎三郎訳（１９８３）『最後の四重奏』ダイヤモンド社。）

１９８４『善への誘惑』(*The Temptation to Good*, Heinemann. 小林薫訳（１９８８）『善への誘惑』ダイヤモンド社。）

１９８５『イノベーションと企業家精神——実践と原理』（*Innovation and Entrepreneurship: Practice and Principles*, Harper & Row((1986) Harper & Row). 小林宏治監訳（１９８５）『イノベーションと企業家精神』ダイヤモンド社。）

１９８６『マネジメントのフロンティア——明日の意思決定は今日つくられる』（一般的な邦訳書名『マネジメント・フロンティア』）(*The Frontiers of Management: Where Tomorrow's Decisions Are Being Shaped Today*, Truman Talley Books((1986) Harper & Row). 上田惇生・佐々木実智男訳（１９８６）『マネジメント・フロンティア』ダイヤモンド社。）

１９８９『新しい現実——政府と政治、経済学とビジネス、社会と世界観』(*The New Realities: In Government and Politics, in Economics and Business, in Society and World View*, Harper & Row. 上田惇生・佐々木実智男訳『新しい現実』（１９８９）ダイヤモンド社。）

１９９０『非営利組織の経営——実践と原理』(*Managing the Non-Profit Organization: Practice and Principles*,

HarperCollins(2005)CollinsBusiness). 上田惇生・田代正美訳『非営利組織の経営』（１９９１）ダイヤモンド社。）

１９９２『未来への経営』（一般的な邦訳書名『未来企業』）（*Managing for the Future*, Truman Talley Books. 上田惇生・佐々木実智男・田代正美訳（１９９２）『未来企業』ダイヤモンド社。）

１９９３ａ『ポスト資本主義社会』(*Post-Capitalist Society*, HarperCollins. 上田惇生・佐々木実智男・田代正美訳（１９９３）『ポスト資本主義社会』ダイヤモンド社。）

１９９３ｂ『生態学のビジョン――アメリカの状況を反映した内省』（一般的な邦訳書名『すでに起こった未来』）（*The Ecological Vision: Reflections on the American Condition*, Transaction Publishers. 上田惇生・佐々木実智男・林正・田代正美訳（１９９４）『すでに起こった未来』ダイヤモンド社。）

１９９５ａ『大変革期の経営』（一般的な邦訳書名『未来への決断』）（*Managing in a Time of Great Change*, Truman Talley Books. 上田惇生・佐々木実智男・林正・田代正美訳（１９９５）『未来への決断』ダイヤモンド社。）

１９９５ｂ『Ｐ・Ｆ・ドラッカー・中内功　往復書簡①　挑戦の時』『Ｐ・Ｆ・ドラッカー・中内功　往復書簡②　創生の時』(*The Time of Challenges*, *The Time of Reinventing*, Diamond,Inc. 上田惇生訳（１９９５）ダイヤモンド社。）＝（１９９７）『ドラッカー、アジアを語る』(*Drucker on Asia*, Butterworth-Heinemann.)

１９９８『ピーター・ドラッカー、マネジメントという職業を語る』（一般的な邦訳書名『ドラッカー経営論集』）（*Peter Drucker on the Profession of Management*, Harvard Business School Press. 上田惇生訳（１９９８）『ドラッカー経営論集』ダイヤモンド社。）

１９９９『21世紀に向けたマネジメントの挑戦』（一般的な邦訳書名『明日を支配するもの』）（*Management Challenges for the 21st Century*, HarperCollins(2001)HarperBusiness). 上田惇生訳（１９９９）『明日を支配するもの』ダイヤモンド社。）

２００２『ネクスト・ソサエティでの経営』（一般的な邦訳書名『ネクスト・ソサエティ』）（*Managing in the Next Society*, Truman Talley Books. 上田惇生訳（２００２）『ネクスト・ソサエティ』ダイヤモンド社。）

２００５『私の個人史』（一般的な邦訳書名『知の巨人ドラッカー自伝』）（*My Personal History*. 牧野洋訳（２００５）『ドラッカー　二十世紀を生きて』日本経済新聞社↓（２００９）『知の巨人ドラッカー自伝』日本経済新聞社。）

上記ですでに記載されている場合もありますが、邦訳書のシリーズとして刊行されたものを便宜的にまとめてかかげておきます。

『ドラッカー全集』（１９７２）全5巻、ダイヤモンド社：

『第１巻　産業社会編――経済人から産業人へ』、『第２巻　産業文明編――新しい世界観の展開』、『第

3巻　産業思想編――知識社会の構想』、『第4巻　経営思想編―技術革新時代の経営』、『第5巻　経営哲学編――経営者の課題』

※ドラッカーの邦訳書としては1972年以前のものにかぎられていますが、原書にできるだけそった正確な邦訳です。

ドラッカー選書（1995年－2004年）8タイトル10冊（上田惇生訳）ダイヤモンド社：

1『経営者の条件』、2『創造する経営者』、3『現代の経営（上）』、4『現代の経営（下）』、5『乱気流時代の経営』、6『見えざる革命』、7『イノベーションと起業家精神（上）』、8『イノベーションと起業家精神（下）』、9『産業人の未来』、10『新しい現実』。

※読みやすく工夫されています。ただ8タイトルと、かなりかぎられた著書数となっています。

ドラッカー名著集（2006年－2008年）12タイトル15冊（上田惇生訳）ダイヤモンド社：

1『経営者の条件』、2『現代の経営（上）』、3『現代の経営（下）』、4『非営利組織の経営』、5『イノベーションと企業家精神』、6『創造する経営者』、7『断絶の時代』、8『ポスト資本主義社会』、9『「経済人」の終わり』、10『産業人の未来』、11『企業とは何か』、12『傍観者の時代』、13『マネジメント』（上）、14『マネジメント』（中）、15『マネジメント』（下）。

※12タイトルと、著書の数は増えています。読みやすく工夫されているものの、原書との違いが目立ち

ます。

（2）ドラッカー以外
磯秀雄（2011）『ピーター・ドラッカー研究序説　生きながらの死者の肖像』水山産業出版部。

入山章栄（2012）『世界の経営学者はいま何を考えているのか――知られざるビジネスの知のフロンティア』英治出版。

岩尾裕純編著（1972）『講座経営理論Ⅰ　制度学派の経営学』中央経済社。

岩崎夏海（2009）『もし高校野球の女子マネージャーがドラッカーの『マネジメント』を読んだら』ダイヤモンド社。

春日賢（2015）「『企業とは何か』（1972年版）について――「序文」「エピローグ」の検討」北海学園大学『経営論集』第12巻第4号、41-57頁。

栗本慎一郎（1996）『ブダペスト物語』晶文社。

クレイムズ・J・A著、有賀裕子訳（2009）『ドラッカーへの旅』ソフトバンククリエイティブ。

経営学史学会監修、河野大機編著（2012）『経営学史学会叢書　第Ⅹ巻　ドラッカー』文眞堂。

シュムペーター・J著（原著（第二版）1926）、塩野谷祐一・中山伊知郎・東畑精一訳（1977）『経済発展の理論』（上）（下）、岩波文庫。

スローンJr・A・P著（原著1963）、有賀裕子訳（2003）『GMとともに』ダイヤモンド社。

DIAMONDハーバード・ビジネス・レビュー：
（２００３）「P・F・ドラッカー　マネジメントの源流」第28巻第11号。
（２００９）「ドラッカーの思考」第34巻第12号。
テンニエス・F著（原著１８８７）、杉之原寿一訳（１９５７）『ゲマインシャフトとゲゼルシャフト：
純粋社会学の基本概念』上巻・下巻、岩波書店。
長尾龍一
（１９９９）『されど、アメリカ』信山社。
（２００５）『ケルゼン研究Ⅱ』信山社。
三戸公
（１９６６）『アメリカ経営思想批判』未来社。
（１９７１）『ドラッカー――自由・社会・管理』未来社。
（２０１１）『ドラッカー、その思想』文眞堂。
藻利重隆（１９５９）（増補版１９６２）、（第二増補版１９６４）、（第三増補版１９７２）、（第四増補版
１９７５）、『ドラッカー経営学説の研究』森山書店。
山下淳一郎（２０１６）『日本に来たドラッカー』同文館。
若森みどり（２０１１）『カール・ポランニー』NTT出版、１２８-１２９頁。
渡邊祐介（２０１０）『ドラッカーと松下幸之助』PHPビジネス新書。

あとがき

拙著『ドラッカー研究――思索の展開と焦点』をご笑覧くださったある先生は、「ドラッカーは読者を迷子にする時代のナビゲーター」と評されました。一見わかりやすく読みやすいドラッカーの本も、深く読み込んでいくと実は難しく、いったい何がいいたいのだろうと思うことがよくありました。このコメントに、筆者はまったくなるほどと得心がいきました。

一方で、こうした本当は難解なドラッカーをわかりたい、理解したいと思っているみなさんに、偏りのないドラッカーのエッセンスを広くわかりやすく伝えることができればとの願望もわいてきました。本書は、筆者のそうした想いの所産です。

本書の出版に際しては、多く方々のお世話になりました。出版事情の厳しいなか本書の出版をお引き受けいただいた青灯社の辻一三社長様、可能なかぎり要望をとり入れてくださった編集の山田愛様ほか同社のみなさま、素敵な装丁をご作成いただいた柴田淳デザイン室様、出版のコーディネートをしていただいたカンナ社の石橋幸子様、転載を許可していただいた経営学史学会および経営哲学会の関係者のみなさまには、記して感謝申しあげます。とりわけ石橋様の温かく包み込んでくださるご対応がなければ、このように素晴らしい形で本書が日の目をみることはありませんでした。今はただ、みなさまのご厚情に少しでもこたえられればと願うばかりです。みなさまに感謝申しあげます。本当にありがとうございました。

2024年6月　　春日　賢

ドラッカーを読むためのキー・ワード

●ドラッカーの視点とアプローチ

アメリカ：　ドラッカーは、建国の理念や憲法および具体的な政治実践においてアメリカを「理想の国家」とまで位置づけています。またアメリカ独立革命は、全体主義の起源たるフランス革命の理性主義的専制に抗して、自由を守った保守反革命であると高く評価しています。とりわけ渡米後のドラッカーはアメリカの社会や企業の現実、経営学をとり込み、そしてアメリカのゆくえに期待することによって、自らの所説を展開していきました。その意味で、アメリカは「経営学者ドラッカー」ひいては「社会生態学者ドラッカー」を育んだ土壌といえます。

経営学者：　『マネジメントの実践』（＝『現代の経営』）（1954）により、ドラッカーは経営学者として広く認知されるところとなりました。しかし彼自らが経営学者を名乗ったことはありません。経営学者という世評を受け入れていたにすぎません。

国家：　ドラッカー本来の学問的なベースは政治学にあり、真の処女作『シュタール』（1933）にみられるように当初のテーマは国家論でした。ナチスの台頭によって中断していましたが、『明日への道標』（＝『変貌する産業社会』）（1957）で再開されるところとなり、以後終生の彼において国家論はきわめて頻繁（執拗）に展開されていきました。

社会生態学者：　ドラッカーの代表的な自己規定です。その他、「文筆家」や「傍観者」とも称しました。その視点は、「継続と変革の相克」すなわち「保守と革新（イノベーション）のバランス」

にあります。

自由：　「新しい社会」＝「自由で機能する社会」のうち、「自由な社会」の内実をあらわす重要概念です。ドラッカーは、「自由」を「責任ある選択」と定義します。「責任ある選択」は彼の人間像、マネジメント≒経営学においてもっとも根源的な考えであり、意思決定そのものといえます。

政治学者：　ドラッカーの学問的なベースは法学や政治学にあります。とりわけ『マネジメントの実践』（＝『現代の経営』）（1954）以前の前期ドラッカーは、政治学的アプローチによる社会論を展開していました。マネジメント論でも分権制や多元主義などの語が登場しますが、もともとは政治学領域のものです。

責任：　ドラッカーがめざした「自由」が「責任ある選択」と定義されたように、彼において最重要かつ最頻出の語です。最大のモチベーションは「責任をもたせること」とされ、また分権制や「目標によるマネジメント」（目標管理）らの手法は各行為主体に「責任をもたせる」ためのものとしてありました。「マネジメント」の決定版『マネジメント』（1973）では、これでもかこれでもかといわんばかりに「責任」の語がおびただしく登場します。

全体主義：　ドラッカーは、幼少期から常に戦争を意識せざるをえない環境にありました。こうしたなか、戦間期に台頭して第二次世界大戦を引き起こした全体主義と専制（独裁）については、その脅威をくり返しさけびつづけました。これは彼のリーダーシップ論にも大きく反映されており、カリスマやワンマンへの警戒をとなえつづけました。

多元主義：　ドラッカーの政治的立場であるとともに、基本的な

アプローチでもあります。古くはヨーロッパに由来するものですが、彼においてはアメリカ以来のものを強く意識しています。反専制（反独裁）からドラッカーが依拠していたのは明らかですが、さらに新しい組織に対応した「新しい多元主義」でなければならないとされます。ここから多元社会＝組織社会が想定され、分権制や多様性も説かれることになります。今日のダイバーシティ・マネジメントにつながる視点でもあります。

秩序：　当初のドラッカーは、「新しい社会」の実現を「新しい秩序」の建設としていました。「秩序」はおよそ『断絶の時代』(1969) あたりまで、「責任」とともに頻出していました。

人間像：　最初期の『経済人の終わり』(1939)、『産業人の未来』(1942) にあらわれているように、ドラッカーの「新しい社会」論で究極的に模索されたのは「自由」＝「責任ある選択」を実現する人間個人＝「新しい人間」像でした。旧来の「経済人」にかえて、新しい「産業人」の確立をめざしたのです。やがて彼はその内実を「知識労働者」にもとめて、生涯をかけて模索しつづけていきました。

保守主義：　ドラッカーの政治的立場であり、E・バークにもとづくとされています。文筆活動開始当初より、終生一貫していました。

ユダヤ人：　ドラッカーはキリスト教に改宗したユダヤ系の家庭に生まれています。実質的な自伝『傍観者の冒険』（＝『傍観者の時代』）(1979) では、幼少時よりユダヤ系の環境にあったことが暗に描写されています。ただし『ドイツのユダヤ人問題』(1936) をのぞき、ドラッカーは自らユダヤ系ではないかのような記述に徹しています。

●ドラッカーの社会観

新しい社会： ドラッカーがもとめた望ましい社会の総称です。具体的には「自由で機能する社会」とされ、それは理想的な社会ではなく、生きがいのある社会とされています。言及されるのはおもに前期であり、後期になるとほぼみられなくなります。

産業社会（論）： 『断絶の時代』（1969）前の前期および転換期ドラッカーの社会観です。大量生産体制の確立した企業社会であり、大企業体制社会をあらわしています。

社会の純粋理論： 「自由で機能する社会」のうち、「機能する社会」を充足する二要件（①人間一人ひとりに社会的な地位と役割を与えること、②社会上の決定的権力が正当であること）からなります。『産業人の未来』（1942）で提示されたドラッカー社会論の基本的な枠組みです。およそ『マネジメント』（1973）まで形を変えながら、陰に陽に色濃くあらわれていました。

第三の道： ドラッカーがめざした「新しい社会」は、資本主義や社会主義という「経済至上主義」を超えた「非経済至上主義」の社会です。これはまさに「第三の道」論といえます。

多元的知識社会（多元社会、知識社会）（論）： 『断絶の時代』（1969）以降の終生、すなわち後期ドラッカーの社会観です。ポスト産業社会論であり、企業のみならず多様な組織体により織りなされ（多元社会）、知識を最重要の経済資源とします（知識社会）。

年金基金社会主義（年金基金資本主義）： 『見えざる革命』（1976）においてドラッカーは、①アメリカ経済の所有者としての年金基金（機関投資家）の台頭、②少子高齢化社会の到来を指摘し、①

によってアメリカは労働者が年金基金を通じて生産手段を所有する「年金基金社会主義」になったと主張しました。ただし後の『ポスト資本主義社会』(1993) では、「年金基金資本主義」といい改めています。

●マネジメントとその手法

意思決定： ドラッカーにおいて意思決定とは、「責任ある選択」としてあります。つまり意思決定＝「責任ある選択」の実践は、彼のメイン・テーマ「自由」の実践・実現にほかなりません。ドラッカー経営学は、あくまでも人と社会のためのものであることが本質です。

グローバル経済・経営論： 『断絶の時代』(1969) でグローバル経済論が提示され、後期ドラッカーの多元的知識社会論のもうひとつの枠組みとなりました。多国籍企業が既存の国家的枠組みを超えた存在としてグローバルに展開するとされ、後にドラッカーはプロダクション・シェアリングなる国際分業体制も提唱するようになります。

工場コミュニティ： 『産業人の未来』(1942) でドラッカーは、「自由で機能する社会」実現のために「企業の自治的コミュニティ化」をとなえました。それが『新しい社会』(＝『新しい社会と新しい経営』) (1950) で具体化されたのが、工場コミュニティです。工場や職場に自然に発生する労働者のコミュニティを意識的に組織し、労使の媒介領域となりうる第三の勢力となることが企図されています。

顧客創造論： 『マネジメントの実践』(＝『現代の経営』) (1954)

で、「事業の目的は顧客を創造することであり、そのための基本的な機能はマーケティングとイノベーションである」との命題が提示されました。企業が社会発展のために行う具体的な機能をあらわしたものとして、ドラッカーにおいてもっとも有名な主張のひとつです。

事業戦略論： 今日、事業戦略論のパイオニアとして、チャンドラーやアンソフとともに、しばしばドラッカーの名があげられます。『成果をめざす経営』(=『創造する経営者』)(1964)について、後年のドラッカーは「事業戦略を本格的にあつかった最初の書」と述べたり、ここでの戦略的アプローチが1990年代にコア・コンピタンス概念として広まったとも述べています。ドラッカーのみを事業戦略論の創始者と断定することには無理がありますが、広くそのうちのひとりと認めることは可能でしょう。

制度論（制度的アプローチ）： 「新しい社会」実現をめざすドラッカーにとって、企業・マネジメントは社会のためのサブ・システムでなければならないことになります。そこで彼は企業・マネジメントを制度ととらえる制度的アプローチをとるようになります。アメリカ制度学派の考え方をとり入れたものですが、単なる制度論のみならず制度化論とするなど、彼独自のものとして展開しています。利益否定論と表裏一体の関係にありますが、企業・マネジメントはあくまでも社会のための存在とする点で、ドラッカー経営学には自ずとCSR（企業の社会的責任）や経営倫理が組み込まれていることになります。

知識労働者： 『断絶の時代』（1969）以降の後期ドラッカーで本格的に提示された、「新しい人間」像。『経済人の終わり』（1939）で模索された「経済人」にかわる「新しい人間」像たる「産業人」の内実をなすものとして、後期ドラッカーでは絶えず進化しつづ

けていきました。最晩年には、「サービス労働者」「テクノロジスト」などの類似概念を提唱するなどの展開もみられました。

ビジネスと企業の意義（企業と社会、CSR（企業の社会的責任）、経営倫理、経営哲学、経営理念）： 「制度論（制度的アプローチ）」、「顧客創造論」、「利益否定論」の項目を参照してください。

分権制： ドラッカーはGMで見出した分権制をアレンジし、自らの経営組織論の中核として展開しました。分権化された下位の諸組織それぞれが自律した行為主体として、「責任ある選択」を実践する手法です。アメリカ独立時の東部13州を模範とするとされ、ドラッカーは「連邦制」や「連邦分権制」などと名称変更やマイナー・チェンジをたびたび行っていました。

マネジメント： 『マネジメントの実践』（＝『現代の経営』）（1954）で、「マネジメント」は新しい概念として誕生しました。「経営」、「経営体」、「経営者（経営陣）」など行為、制度、行為者をあらわしており、きわめて多義的に用いられています。後の「マネジメント」の決定版『マネジメント』（1973）で、ドラッカーを象徴する概念として完成・確立しました。そして『ポスト資本主義社会』（1993）で、「新しい社会」を実現する一大思想へと位置づけられました。あまりにも多義的であるため、翻訳不能ともいわれます。ひるがえってみれば、一種の便利な概念、万能概念であることは否めません。

民営化： ドラッカーは終生一貫して、「大きな政府」から「小さな政府」への移行をとなえつづけました。ここにおいて肥大化した行政機能をダウンサイジングすべく、提唱したのが民営化です。『断絶の時代』（1969）ではじめてとなえられた時には、「再民営化」の語を使用していました。ドラッカーにおける「民営化」

の展開でみると、まず政治学での分権化と自治をアレンジして企業における分権制をとなえました。そしてそこでの成果をもとに、今度は国家論に適用したのです。つまり、まず政治学での成果を経営学へ輸入し、ついで経営学での成果を政治学に逆輸入したものということができます。ここにも、「政治学者ドラッカー」と「経営学者ドラッカー」の相互作用ないしは共進化をみることができます。

目標によるマネジメント（目標管理）：『マネジメントの実践』（＝『現代の経営』）（1954）で提唱され、一般に「目標管理」の名で知られます。自ら目標を設定し、自ら行動し、自らフィードバックするという、各行為主体の「責任ある選択」を実践する手法です。

モチベーション論（責任ある労働者）：ドラッカーは行動科学のモチベーション論を一通り検討したうえで、最大のモチベーションとは「責任をもたせること」と結論します。そして「責任ある労働者」によって、組織と個人の有機的な関係が構築されるとします。「責任」の項目も参照してください。

利益否定論：ドラッカーは、企業・マネジメントを社会的な制度（機関）と位置づけます。したがってそこに生じる利益といわれるものは、社会発展に不可欠の制度＝企業が将来にわたって存続するために必要な費用（未来費用）であるとします。このようにドラッカーは、利益が存在しないとする立場（利益否定論）を貫きました。

●ドラッカーに影響を与えた人物

ガルブレイス（J. K. Galbraith, 1908 - 2006）：アメリカ制度学派

の経済学者であり、ドラッカーとはほぼ同年齢でした。経済学と経営学の違いこそあれ、両者の思想的ムードはきわめて親近的です。日本では両者を制度学派における戦後の代表的存在として、同類にみる傾向があるほどです。なお日本で広く受け入れられたという点でも、両者は似通っています。ちなみにドラッカーはガルブレイスに対する批判をしばしば行っていました。

キルケゴール (S.A.Kierkegaard, 1813 - 1855)：　実存主義の先駆者として知られる哲学者。「人間個人」の実存について、ドラッカーにきわめて大きな影響を与えました。彼にとってキルケゴールの存在は特別であり、生涯ベストの論文をおさめた『生態学のビジョン』（＝『すでに起こった未来』）(1993) では本論の最後をかざる章にキルケゴール論ひとつのみを配するほどでした。

ケインズ（J. M. Keynes, 1883 - 1946）：　シュムペーターとともに20世紀を代表する経済学者。1930年代からのケインズ・ブームが起こっていた当初から、ドラッカーはケインズ経済学の限界と非有効性を強く指摘していました。それは生理的拒絶といえるほど根の深いものであり、終生その姿勢を変えることはありませんでした。これはドラッカーの国家観に由来するものといえます。

ケルゼン（H.Kelsen, 1881 - 1973）：　20世紀の卓越した法学者、法思想家として著名。ドラッカーとは血のつながりのない叔父で、とくに国家論や政治学においてドラッカーが何らかの影響を受けていたことは否定できません。

渋澤栄一（1840- 1931）：　「日本資本主義の父」として著名な実業家。ドラッカーは明治維新を日本の偉大な社会的イノベーションとし、その立役者の一人である渋澤をきわめて高く評価しています。すなわち「経営の本質は責任」であることを、いち早く見

抜いていた人物であるとしています。

シュタール(F. J. Stahl, 1802 - 1861): 法学者、政治哲学者、政治家。ドラッカーによれば、法治国家を発明し社会を安定させたドイツの偉大な思想家3人のうちのひとり。ドラッカーが反ナチスの立場を表明した真の処女作のテーマであり、その出版を機に彼はドイツを出国しました。

シュムペーター（J.A.Schumpeter, 1883 - 1950）: ケインズとともに20世紀を代表する経済学者。ドラッカーの父の友人であり、ドラッカーの動態的経済社会観やイノベーション論に多大な影響を与えました。『マネジメントの実践』（=『現代の経営』）(1954)の初版序文には、同書がシュムペーターに依拠していることが述べられています。

スローン（A. P. Sloan Jr., 1875 - 1966）: GMを世界企業へと成長させた経営者として知られます。ドラッカーは『会社の概念』（=『企業とは何か』）(1946) 執筆のもととなったGMの内部調査を通じて、交流するようになったといっています。ドラッカーにとってスローンは、リアルな経営（マネジメント）というものを身をもって教えてくれたモデルであり、「マネジメントの師匠」といえる存在でした。

テイラー(F.W.Taylor, 1856 - 1915): 技師で、「科学的管理法の父」として著名。ドラッカーのマネジメント論でもっとも多く言及されていた人物の一人が、テイラーでした。ドラッカーはテイラーの科学的管理法に手厳しい批判を行う一方で、その基本的な考え方をきわめて高く評価していました。

バーク(E. Burke, 1729 - 1797): 「保守主義の父」とされる政治

思想家で政治家。ドラッカーの保守主義はバークにもとづくものであり、その影響は社会生態学の視点「継続と変革の相克」に明確にあらわれています。

バジョット（W.Bagehot, 1826 - 1877）：　ヴィクトリア期イギリスのジャーナリスト、評論家として著名。バークの保守主義に強い影響を受けていました。ドラッカーが自らの社会生態学にもっとも親近的とする人物です。

フォード（H. Ford, 1863 - 1947）：「自動車王」として著名な実業家。ドラッカーのマネジメントに関する考察で頻繁に引用される人物の一人です。フォードからの影響は、とくに利益否定論や顧客創造論などに強くあらわれています。

ポランニー（K. Polanyi, 1886 - 1964）：　経済学者、経済史家で、とくに経済人類学で著名。ドラッカーより23ほど年上ですが、肝胆相照らす仲だったとドラッカーは述べています。ドラッカーによれば、互いの社会観には隔たりがあったが、人と社会の望ましいあり方の希求、それも市場経済を相対化してとらえる視点で互いに共通するものがあった。そして両者が幾度となく議論を交わした所産が、それぞれ『産業人の未来』（1942）、『大転換』（1944）へ結実していったとされています。

松下幸之助 (1894 - 1989)：「経営の神様」として著名な実業家。ドラッカーより15ほど年上ですが、同じ時代を共有した期間は長いです。両者に交流があったとの記録は確認できませんが、事業部制と分権制、社員稼業と経営者的態度（経営者的ビジョン）、人材に関するとらえ方など、経営に関する根本的な部分で相通じるものが強くみられます。

ルソー（Jean-Jacques Rousseau, 1712-1778）：　フランス革命に大きな影響を与えたことで著名な哲学者・思想家。ドラッカーは、ナチス全体主義のはじまりをフランス革命の理性主義、そしてその理論的根拠だったルソーと位置づけます。そしてルソー、マルクス、スターリン、ヒトラーは、同一直線上にあると考えていました。

［出版協力／コーディネート］
カンナ社

［著者］春日賢（かすが・さとし）北海学園大学経営学部教授。１９６７年、岩手県生まれ。立教大学大学院、中央大学大学院修了。博士（経営学）。専門は経営思想、経営学説。とくにドラッカー思想を内在的に明らかにすることに注力している。著書に、『ドラッカー研究――思索の展開と焦点』（文眞堂、２０２２年）、『経営学と合理性 経営学史叢書第Ⅱ期Ⅳ』（共著）（文眞堂、２０２２年）、『ドラッカー 経営学史叢書Ⅹ』（共著）（文眞堂、２０１２年）などがある。その他、ドラッカーに関する論文多数。

もう一人のドラッカー
――「新しい社会」への物語

2024 年 7 月 31 日　第 1 刷発行
著　者　春日　賢
発行者　辻　一三
発行所　株式会社青灯社
東京都新宿区新宿 1－4－13
郵便番号 160－0022
電話 03－5368－6923（編集）
03－5368－6550（販売）
URL http://www.seitosha-p.co.jp
振替　00120－8－260856
印刷・製本　モリモト印刷株式会社

Printed in Japan
ISBN978－4－86228－131－9 C3034

小社ロゴは、田中恭吉「ろうそく」（和歌山県立近代美術館所蔵）をもとに、菊地信義氏が作成